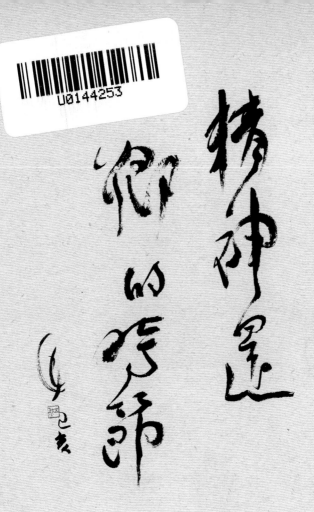

張國治著

When The Spirit Comes Home
by Chang, Kuo-Chih

金門縣文化局
CULTURAL AFFAIRS BUREAU OF KINMEN COUNTY

2002 年 12 月張國治於江蘇南京參加詩會留影

2002 年 12 月張國治與鄭愁予於南京市參加詩會留影

張國治為鄉親李錫奇拍過數幀精彩的照片，此合照背後
正是其所拍的李錫奇黑白照片

2016 年 9 月 12 日，李錫奇 80 歲金門回鄉展，張國治特別返鄉參加開幕，
於金門文化局貴賓室，與李錫奇鄉親握手言歡

參觀顧炳星教授畫展,由左至右為楊金蘭(張國治夫人)、陳慧坤、郭博州、
王哲雄、張國治、林學榮、李憶含等教授

2013 年,張國治參加創世紀詩社的同仁聚會於台北市北京樓留念

台灣攝影博物館文化學會會員大會，台北市重要文化機構主管出席並合照

2019 年 1 月 23 日，張國治擔任總統府不一樣的攝影比賽決審委員 (游淑如攝影) 左起，洪世聰、張國治、姜麗華、林曼麗、蔡英文總統、林育良、游步斌、王焜生

2016 年 12 月 23 日，張國治榮獲福建師範大學美術學專業文學博士，2017
年 6 月 23 日參加畢業典禮，與王長平校長合影

2018 年慶祝教師節表揚大會，張國治服務教育界 40 年獲行政院賴清德院長授
予弘揚師道勳章乙枚及教育部長關愛教育奉獻愛心獎座乙座，圖為張國治與葉
俊榮教育部長合影

2018 年慶祝教師節表揚大會，張國治服務教育界 40 年獲蔡英文總統授予中華民國 107 年資深優良教師紀念獎座乙座，圖為張國治與蔡英文總統合影

2006 年 6 月 12 日，張國治榮獲母校金門高中第二屆傑出校友表揚

2002 年張國治油畫展－意識圖騰、科技遺骸與組構的山水意境於桃園縣文化
局第一展覽廳展出

2002 年張國治油畫展－意識圖騰、科技遺骸與組構的山水意境於桃園縣文化
局第一展覽廳展出，張國治全家合影留念

1996年6月1日，由中央日報主辦「百年來中國文學學術研討會」在台北舉行，
張國治 (左起第一位) 與多位海內外作家聚集羅門燈屋，右起高行健、羅門等

前排左起：曾進豐、曹介直、向明、周夢蝶、洛夫、隱地
後排左起：須文蔚、黃月琴、陳淑美、鍾雲如、艾農、朵思、張拓蕪、張國治

2000 年金門詩酒文化節，詩人、作家、藝術家群聚金門

2012 年 3 月 4 日，張國治參加中華文化總會於臺北賓館舉辦之「新春文薈」
活動，與馬英九總統合照

2000 年 3 月 10 日，張國治參加中華文化總會於圓山飯店舉辦之「新春文薈」
活動，與李登輝總統合照

洛夫詩人及其夫人再回金門，在瓊林與金門藝文人士合影留念

張國治參加林飛壽山石雕師生展的開幕剪綵儀式，左二起為張國治、林保堯、
蘇憲法、林飛、傅益瑤（傅抱石女兒）、葉國新、林中湘、李豫閩

2016 年，張國治（右起三）與兩岸文化創意產業研究高校聯盟范周理事長（左
起六）參加中華平面設計協會會員大會合影留念

2018 年 11 月 2 日張國治參加彭康隆於蘇富比個展 - 惡之華，為其畫冊寫序評

配合 2019 年張國治教授文學作品展於碧山金門睿友文學館展覽
8 月 3 日舉辦的第二場詩朗誦會，與鄉親合影

2019 年 7 月 3 日・張國治教授文學作品展於碧山金門睿友文學館展出開幕

2019 年 8 月 4 日，金門閱讀島「百業齊鳴：名家系列」張國治演講海報
（范傳偉設計）

張國治教授文學作品展

開幕　108年7月3日（二）下午2:30

展出　108年7月1日至9月30日

詩朗誦　108年7月3日（二）下午3:30
　　　　108年8月3日（二）下午2:30

張國治1973年攝於碧山

比家鄉遙遠的是未能接軌的
鐵路，比鐵路遙遠的是未名
草原，比草原遙遠的是無碑銘
沙漠，比沙漠遙遠的是波動不定
海洋，比海洋遙遠的是飛翔過境
候鳥，比候鳥遙遠的是你未著陸
漂浮的心

──── <遙遠> 張國治

張國治

2019 年 7 月至 9 月‧張國治教授文學作品展海報 (范傳偉設計)

一枚枚

落葉

貼滿了

秋天卷冊

要寄給十二月

冬天的枯枝

錄自張國治短詩選——〈郵票〉

金門建縣百年

張國治畫

張國治受邀參加金門建縣百年活動 -2014 年金門詩酒文化節，現場揮毫詩畫原作

2019 年 7 月 2 日為張國治教授文學作品展於碧山金門睿友文學館開幕前一日，諸多好友提前蒞臨會場支持並合影留念

2019 年 8 月 4 日金門閱讀島「百業齊鳴：名家系列」張國治演講結束後與現場鄉親合影留念

目次 Contents

輯三《島嶼與我命運的精神核心》

輯四《影像的視覺深度》

輯五《獨自棲息於藝術結構下的話語》

輯六《張國治藝術相關文獻 (附錄)》

張國治簡歷

2019 年 7 月 3 日，張國治教授文學作品展開幕後進行張國治詩歌朗誦

2019 年 7 月 3 日，張國治教授文學作品展開幕
張國治與金門睿友文學館陳長慶館長合影留念

我忙於春天的播種
― 2019 年張國治散文及藝術評論集出版自序　　張國治

　　時值 228 連假，一早，我打開手機屏幕，閱讀著楊渡製作的：還
原 228。中午，趕去信義路常聚餐廳請乾媽及朵思、雅風姊吃中飯，再
陪著乾媽回洛老莊敬路的舊家，乾媽煮著酒釀湯圓，回想 30 年第一次
去拜訪洛夫，那時乾媽也是請我吃酒釀湯圓的，一個下午跟朵思陪著
的乾媽聊天竟連晚餐都在那裏吃了。洛老仙逝已近一年忌日了，常聚
是他過世前我們較常去的餐廳。

　　春酒、杏花，櫻花開遍山區，春意鬧。

　　這兩天，春雨一陣陣滴落

　　兒子容瑄遠在英國柏克郡雷丁大學就讀兒童文學研究所，前幾天
傳來訊息：課業非常忙碌，一波一波的來。我問他雪還下嗎？他說春
天了。我想到他傳來的雪景，牛津的身影，以及居住倫敦友人家附近
的城影和泰晤士河畔灰茫茫天光的照片。而他還去了英國西南方玩，
住在寄宿家庭，發了好生令我嚮往的在地風光照片。

　　一波波的課業，可見他的繁忙，即令他主修的是兒童文學。因為
是春天、因為是忙碌的，我隨即以楊煥的詩〈我是忙碌的〉，鼓勵他。

　　我是忙碌的。

　　我忙於搖醒火把，我忙於雕塑自己；

　　我忙於擺動行動的鼓鈸，

　　我忙於吹響迎春的蘆笛；

　　我忙於拍發幸福的預報，

　　我忙於採訪真理的消息；

　　我忙於把生命的樹移植於戰鬥的叢林，

　　我忙於把發酵的血釀成愛的汁液。

　　…………。

　　此刻，忙於春天的播種總是好的，我也是要開始忙碌的，孩子要我多畫些畫，他認為那是藝術家的本質，如果我能不荒怠繪畫，對他而言，意義較為重大。

　　我是忙碌的，我也忙於春天的播種。

　　3月，我想到家鄉金門一波一波的高粱播種

　　想到以淚洗面的乾媽，靠著一封封50年前的洛老的情書（家書）度日，我想到之前詩人陳克華一顆顆以珠珠沾黏在我雪白的印紙詩集的創作。

　　對我而言：一陣陣、一波波、一封封、一顆顆的意象瞬間都連結再一起了。他們串連了我這陣子的心緒及情感。

　　此刻我面對著我一篇篇的散文及藝術或隨筆、書序稿。我一遍遍

一字字的來回巡視。是沒想到這麼快我又產出這麼多文字稿了。這些都是時間凝結的成果啊！都是我天未啟之前，就著黑夜 LED 燈光一字一字鍵盤敲擊出來的心血。白白的電腦 WORD 介面是時間，是累積的記憶。寫作是向深海的探勘及深潛，我在其中泅泳，在其中漂浮、踱步。

3 月 3 日雪山 369 山莊飄雪了，一陣陣。櫻花也開了一朵朵一片片。

我想到臺灣的媒體鎮日頻頻討論的網路聲量較勁及評比，連那些各個掛著高學歷的政治人物也不免捲入這種淺薄的社會操作裡，進入偽政治偽命題漩渦中，這個時候我想到自己與社會違和的孤獨身影，我越發堅定文學的愛與真實、藝術信仰才能穿越這一切的虛妄。我是那麼的不經事，世事無情，卻始終願意在詩與文學中相信有情。

時間是間隙，我們在其中裂變。文化時空多變，幸好沒有斷裂。整整這 3、4 年時光我竟然不知不覺有累積完成了這些文字書寫系列。我一直想好好專心從事藝術創作，這幾年卻一直在藝術評論和文化創意產業觀察及文化、藝術的圈子內做了許多雜而多的項目，包括策展、策劃籌辦學術研討會、為人寫書序，並且去年又重作馮婦回鍋擔任學系主任及所長。但我其實更想純粹一點寫些詩及散文，我也想分享此生對於藝術的看法、對美的沉思及做好生活美學的論述和實踐。然而工作的時間分散終究未果。

而這些夢與希望，其實就散落在這本書的各篇文字裡了。在每篇文內，我無不一一在發揮我的藝術綜合觀、從藝術的總體論出發，進行了跨文化的研究。

是為序。

2019 年 7 月 3 日，張國治教授文學作品展開幕張國治現場導覽

2019 年 7 月 3 日，張國治教授文學作品展開幕張國治現場導覽
文化局副局長黃雅芬、科長何桂泉全程聆聽

輯一

與金門鄉親相知文學路上

某個週日一天
─在一朵花心裡紀念一位詩人

　　這一天，我與內人先至萬華德昌街的療養院去探望我師大的顧炳星教授，老師的狀況漸趨惡化！時而呆滯幾無表情，偶爾一個好字都會令我們感動萬分。離開萬華隨即赴胡思書店參加「落日與煙－吳承明詩人紀念會暨《金門文藝》第二期出版發佈會」。

　　整個紀念會自然演變成追憶和朗誦承明的詩會，但除了這些我們還能為一位已故的詩人做甚麼？我在楊樹清小本子寫下：我們朗誦落日，是要留下如煙的往事。

　　從探望業已完全失智老師居住之療養院走出來，往事翻騰不已，再循至胡思書店追憶承明兄往事，我的週日一天顯得傷感莫名，書店女主人阿寶要我上前坐，書店內已集聚 3、40 位鄉親好友了！主持人楊樹清要我致詞及朗讀，我就《金門文藝》第 6 期－詩專號談起一些高中往事，談起了去年六月在新北住家七樓一個人接到承明兄夫人電話：「你們的朋友承明因為騎腳踏車被撞走了！7 月 12 日是他的出殯日，有空可來見見他最後一面！」這是第一次聽到盧老師的聲音，我也尚未見過她，但一位堅毅的女性聲音卻令我印象深刻，反而是我錯愕得說不出任何話！

　　去年 6、7 月我瘦削、憂鬱、深沉、免疫力失調，每夜無法入睡，這成因跟長期家族糾纏兄弟無情的鬱結及校內一些事不順有關，那時

床頭書就是山東朋友瓦當送的著作《慈悲旅人－李叔同傳》，我不自覺讀著，我以為自己無法度過了自己這一難關，並且理了個平頭原想可以將一切斷念，然而事實不然，人只有到內心無所欲求真正自由了，才可以強大起來。

承明兄被車撞了？這個令我突然錯愕心驚的消息讓我突然更加虛無起來！多少年沒見過他了？一個遙遠的記憶頃刻從《浯潮》從《金門文藝》從《風燈》混合著龐大的意象佔據了我的思維與影像！

不知何故，那一刻我想到英國平克‧佛洛伊德（Pink Floyd）的歌詞：「你方從海上歸來，遙遠的地平線有船嗚咽而行。」承明兄的詩寫烽火往事、寫落日炊煙寫寂靜的往事、寫流浪的戰爭……。那麼孤單的一刻，我很想墜入平克無盡的搖滾與悲傷的吶喊裡，啊！我想到就那麼唯一的一次我播放著平克的「鐘聲分離」（The Division Bell）紀念過我的養父叔叔，以詩意以搖滾來掩飾我的悲傷。而再一次我想到1994年在美國中部寂靜的晚上聆聽平克‧佛洛伊德「鐘聲分離」的一種顫慄與憂傷滑過！

而我知道了我為何顫動？因為這跟我在17歲高中時身處金門的暗箱黑夜，某天曾在顏生龍老師家坐於紅眠床沿初讀《浯潮》創刊號的狂喜與憂傷，讀到那些詩那些憂鬱的散文有關，這彷彿是我此生文學最初的文學渡口，但不會僅有張國禎、顏生龍、楊子昇學長略帶晦澀的手記和詩觸動於我，更有承明兄極度抒情的情調感染到我。我應該是他最早的粉絲吧，在高一開始寫詩時，除了國內那些名詩人，同鄉的就是出現在金門旅臺大專同學會刊《浯潮》創刊號的那些詩作者作

品了，其實也是我學習的對象。彼時我曾迷失在葉珊《葉珊散文集》、《非渡集》與瘂弦《深淵》的某種自己也不甚理解的模糊感性狀態中，一直深喜一種介於理性與感性矛盾的美好！我悄悄也喜歡著承明兄的詩，並且也受到他的感染，我的詩作《歸來》被收入在文化部《閱讀文學地景》的詩卷裡，每次朗誦的時候我就像一艘嗚咽的船載滿憂傷，但卻又必須堅強或和平以對，在那個刻苦年代，從金門坐船至臺灣再航行 25 小時回歸島上，一次又一次的航行，船何曾不是嗚咽而行？我們忍受飢餓、胃液翻騰、嘔吐，載滿希望與信心。高中時期讀著承明雖是少數僅有的詩作，卻是迷上他的抒情方式，一種不甚清晰的意象卻又充滿語感或幽人自語、喃喃訴說的感覺，當然那是初度印象。

　　我一直在想著他的詩之所以抒情溫婉正與他的人格極為相似，多情、靦腆、沉默。而那彷彿也是我的寫照啊！

　　承明出生於吳厝，與我親生的大姊嫁予吳姓同家鄉，但我們沒有在他筆下寂靜的小村一起朗讀落日悅耳的高音以及聆賞炊煙縷縷，但我們詩中卻有共同難以言喻的交集，靜默、抒情、婉約，似乎踽踽而行的傾訴！

　　承明騎腳踏車的身影我特別難忘，我在民國 71 年當完兵後，回到桃園振聲中學教書，但為了一償讀美術學系宿願，重考師大夜間部就讀，於 73 至 77 年間每天從早到下午除在振聲教書之外，約莫 5 點後就騎腳踏車趕赴桃園火車站乘坐平快火車或區間車至臺北市和平東路師大美術學系唸書。通常下午 4、5 點或 5、6 點正是異鄉落日要下沉時刻，我與承明每每擦身於桃園市區巷弄裡，他應該住玉山街吧，我住秀山

路，其實離他不遠，我們交替，他要回家了，我正要出門征戰、進修！我的第二個大學生涯：每天下午 4、5 點騎腳踏車、火車、公車，星夜歸來，隔日 5 點多起床！為了現實生活以及自我充實，我忙到無暇於詩意與放逐的書寫境地！而承明優秀，高師大英文學系畢業，教書讓他有了穩定美好的工作和家庭生活。

　　我在 77 年結束了桃園縣私立振聲中學的教書，又開始另一個藝專基礎老師的培育生涯。但一段較長時間仍然依靠著桃園與板橋的火車通勤。但較少與承明擦身了，現實地理環境我們離得這麼近，但他卻不曾進入我的房子，我也僅僅因為風燈詩社的朋友來找他順便約我一起去他家，卻不甚有太多記憶記得一些甚麼？就僅記得他寓舍內種了很多的花。如同年輕時有一年返鄉恰巧去吳厝大姊家探望，順道也去承明老家看了他一下，記憶中他家的那個深井，一樣種了很多的花。而我很多年不種花了，也怕家裡有花，總覺得花是陰柔的，花是容易凋零的。

　　我的印象好像都停留在腳踏車與花及落日！是的，我應該理解詩人的大夢：豆梨花開滿金門。詩人愛花愛美愛家人也愛金門殘酷戰爭中的那一輪落日與煙。

　　詩人當然是反戰！平克‧佛洛伊德：《The Wall》電影中從戰爭歸來的戰士如何內心不平，如何坐船嗚咽而行！那個乘坐軍艦年少的承明，青澀的我，如何投入火紅落日的往事？

　　我的詩一開始就不是歌德式的少年維特愛戀苦悶告白，而是對戰爭的控訴，對自己生存世界的吶喊！但遇到承明的詩我才知道戰爭也

可以很抒情很隱喻的低吟控訴！是不是金門長期的心戰喊話、冷戰時期對峙的廣播，促成我們表述的聲調轉而為有聲調有音韻的一種敏感？

民國 63 年《金門文藝》詩專號我的詩作就在他的隔頁，當我朗讀他的詩〈三折〉，讀到最後，我內心已然顫抖不已，往事如煙嗎？戰爭會去流浪嗎？還是始終存於內心的恐懼、嗚咽和不平？

我試著開始有勇氣，在豆梨花開時一朵朵的花心裡去紀念一位詩人，用著那業已走遠、最初的記憶，將這唯一的文字停格，讓往事不再如煙。

寫於 2015 年 4 月 26 日
刊於 2017 年《金門文藝》季刊秋季號第 64 期

在地文化的筆耕者
—王先正

　　這些年，我投入文化創意產業的研究，不免對國家的文化政策及藝術管理、臺灣文化創意產業的相關政策舉措、方針、實施的細節投以大量時間的關注。

　　另一方面，我更對傳統文化也相對性的作了關注，花了極大時間在做文獻的閱讀，並撰寫論述傳統產業轉型為文化創意產業的策略研究。這些親炙文化源泉及務實的論述研究，使我深感一個地區唯有民眾主動參與地方文化的關懷，並有各方人才一起建設為文化挹注活水，才有辦法形塑地方文化獨特的面貌。文化當然是一個地區信仰、生活方式、思想價值的統體呈現。2012 年由文建會、新聞局整併為文化部所提出的文化政策發展面向為：生活美學、在地文化形塑、文化加值與文化行銷。

　　在地文化形塑首先是一個社區如何進行社區總體營造內的生命共同體凝聚，以及一個地方如何找到地區自己的故事、歷史情境、核心價值，並進一步營造地區的意象、識別系統、精神面貌。文字的紀錄、書寫成為促動地方文化風貌的最佳助力，如何認識自己的文化，一般民眾恐較難以自覺，以故，文學中報導文字的推介作用及鄉土文獻的保留，變得愈形重要。

　　在金門不乏專業的文史工作研究者，在愛鄉愛土驅動下建立研究

論述者者亦頗多。然而王先正老師的角色恰巧不一樣的是,在專業上他並不自詡為文史專家學者、文化資產或民間美術工藝專業領域研究者,或宗教文化研究先驅者,但他的跨度卻非常的大,從某個角度來看,他應以文學研究為主,但非高蹈式或象牙塔式的學者,他是紮根於金門這塊土地的書寫者,先正文如其人,必先求其正直或公正,不拐彎抹腳亦不誇飾,忠實記錄金門文史、藝術、地方文化或文獻所發生的精華之所在,他更關注到一些如我不曾留意到的地區少數默默書寫的作家,給予正面肯定,這樣無疑的也補足了地區所謂主流之外的遺漏,究其書寫工作而言應是非常有深意的。某些時候讀其文更覺得像一篇篇的紀錄報導文、散文或雜論,或可說他更像是一位散文作家,中文學系畢業學有所精的他,並不乏對臺灣文學發展趨勢的掌握,然而他更情有獨鍾掌握了對金門文學發展的脈絡資料、收集了無數金門文學作家書寫的書,就這一點而言比任何公部門相關單位的公務人員都還有心,這亦應是功不唐捐的志業。

2002 年金門詩酒節,我策劃了詩酒主題的研討會及朗誦會,邀請他就新詩來談「寫金名詩和金門詩人」,他欣然答應,除了在研討會當天發表,日後亦在《金門日報‧浯江副刊》登載。

我從來就很相信:金門的在地文化形塑就是要有像王先正老師這樣一批能深耕本土文化,能夠見證地區文化發展的人才,這樣才能接地氣的發展下去。

《書寫金門》以金門為主題的書寫近些年地區也不缺乏,例如金門學的套書即是主題清晰的論證金門各領域及各項行業的成果呈現。

而文學領域中黃克全、楊樹清、吳鈞堯等人一系列小說散文等著作，經常涉入金門的主題。我的《帶你回花崗岩島》詩集及許水富的《島鄉書寫》詩集亦均是。王先正老師本年度即將出版的《書寫金門》是開門見山的主題書寫，包含以書名為題的內文共五輯：書寫金門、宗族記事、說古道今、藝文講演、鄉親鄉情，針對金門文史所發生的人、事、地、景描述紀錄，其中描寫當代發生的人事件較多，多為表彰頌揚居多，間夾雜自己與島鄉人、事、地、物相關發生的記憶所及。正好體現金門現階段的諸項文化紀事並勾勒了金門的文化風貌。

　　類如王先正老師這樣主動參與文化活動，保存文化活動紀錄，正符合了聯合國教科文組織在上世紀 60 年代所揭櫫對文化產業中所界定的要旨：人民有權利主動參與文化改造的功能。這一批地區民眾應給予嘉許和鼓勵，沒有他們，奢言文化，將是浮面虛假而不踏實的。

　　21 世紀，讓我們集結更多的人來參與金門文化，書寫金門、紀錄金門。讓金門在 21 世紀有更多的精神指標，王老師此書非常具有參考價值。

寫於 2016 年 3 月 24 日
刊於 2017 年 6 月 7 日《金門日報》副刊
收錄於王先正著《書寫金門》2017 年 6 月

鄉情懸念，重磅書寫
―黃克全的金門作家典範形塑

　　黃克全的金門作家論，我臆測這是他寫作生命中，最艱鉅之書寫工程。

　　要對近 30、40 年來在完全以臺灣本島為主體，失之對邊緣島嶼更多關注的文學本土論述中，亦連自家島嶼鄉人均還未能自我認同有所謂「金門文學」存在的險峻現實下，而能有所觀點支撐，得以突破此種困局，並提出作家名單及其可佐證的作品，貫穿歷史時空發展之文脈，予以綜合評述其創作軌跡，申論書寫特質、文學地位成就或影響力，這無疑地就是一項如家鄉起厝砌磚建瓦之艱難工作！如不是鄉情溢出、文學信仰堅持，恐將難以辦到吧。

　　這難道不會形成其已進入後中年而急欲攀伸書寫創作高峰的阻力或羈絆？而又是甚麼樣的情懷催促他選擇此項志業，如依他最初把書寫視為一種純粹性創作而言，這顯係不是他的選項之一吧？而我所說的催促，當然源自於他對金門家鄉無可取代的崇高使命，源自於浯島一顆文學生命誕生，從年少徬徨浸淫於現代文學之虛無或象徵或結構或意識流的世界裡，亦對現代電影裡影像中的心靈視窗眺望，從島上書寫起始，以迄現代文學的完全投入，更在輔大中文系古典文學的訓詁、眉批註解之浸淫下交構出一座文學頂峰的熱烈期盼。

　　一個時時不安，又古典又現代，又禪又現象學的重磅靈魂。讓時

間逸出讓空間凝結，將所有心思精力密集於家鄉人寫作的梳理建構，其所為何來？在步入後中年反而成立出版社又堅持獨立出版，絕非「愛鄉土」一詞能蓋括，或「功不唐捐」足以形容之！「我做筆會跟金門作家論述，是二合一的事，很多人不了解。」他經常掛著說。

　　然而不會僅只於此邊界上，對家鄉的回眸和深掘，更從幽暗燭光、油滴耗盡的宵禁夜，因有其擎著燭光點燃，才讓我們一窺時間長流，隱匿於整個以臺灣為書寫主體間隙下，關於浯島家鄉一片燃燒的天光！

　　回顧年少時與克全的交往，我首先與其惺惺相惜知遇於那本名為《浯潮》的金門旅台大專同學會刊，或最早以《金門文藝》命題的刊物上，那些烙印我們書寫情感及旅情、悲傷的刊物載體早已不在身邊，刊物中的部分作者卻留在寫作這條孤寂道路上相伴而行，我渺然無法以準確時光脈絡追尋那些過往，我記得我多次從板橋賃居住所搭乘客運至新莊輔大校園後的泰山鄉貴子路克全住所，以懷抱文學的理想、寫作的溫度互相取暖！

　　但我更難得與外表靜坐如花崗岩石安靜卻暗藏風雨想像力，並且書寫如波濤強度，結構組織縝密的他相處至今，保有極其難得的情誼。年少時我們書信往返多年，後來為其小說、散文及詩集幫忙設計封面繪製插圖或者攝影，無疑的這也都是此刻隱身於金門文學背後的側影。

　　人到後中年以後即將進入老年初期，我經常無由想起那個純真的年代，邁入中年後的克全或也急欲保留住那年少對文學寫作的初心，那個全無金門書寫概念而任憑理想狂飆寫作的純真年代，對著那批與自己一起走過來，而至今猶擎著理想火焰不滅的後文青鄉親有著濃稠

的懷念，並試圖為金門文學書寫歷史建碑！試問此種靈魂何其重磅？

　　如此倔傲不屈服的靈魂，急欲為家鄉文學書寫建立既深且廣的系譜研究，多次他堅決對我說：金門文學一定要獨立於「金門學」和「閩南學」研究之外，「金門文學」就是金門文學，是獨立研究的領域！是的，如此的壯志和理念，早非我年少認識的那個陰鬱沉默寡言執著的他，現在的他顯然多了貫徹決心和自若！

　　克全編選金門文學選集和書寫作家論的動機和宣示料無人反對，但被書寫的人一旦他成文發表，意見卻相當多，或者他也耿耿於懷那幾位未蒙其收入及撰寫評論的同鄉文友。每次書寫一位作家發表之後，偶爾他免不了問詢我的意見，反正吃力不討好，有時他微怒，電話中：「每次書寫金門作家論是最令我想像不到的事：我怎麼寫，被寫和看的人都有意見！我總是藉名家類比或以重要文學理論導入來提升家鄉人的文學成就及水平！」而我通常也總以羅蘭‧巴特 (Roland Bather)「作者之死」觀者參與解讀權力和開放策略與其共勉之外，也真不知何以應答他的焦慮。

　　我是散文作家及詩類同時被選入及被書寫者之一，而當他寫完我的散文評論並發表之後，他又與我商量要我放棄我雙重文類被選入的身份，而僅選擇以詩人身份為主要論述，我自無意見。畢竟詩是我最早文字書寫的主要載體。

　　克全此一重磅的書寫工程，料必為金門文學歷史建立豐碑，過去臺灣與金門從沒有這樣的大手筆，能以一己之力書寫 3 種文類的作家評述。若非有堅強的實力基礎支撐則無以建構，而他也將打破兩岸甚

至全華人地區的文學選集之書寫史，此例前所未有。未來是否有識之士能延伸其書寫之聖火亦未可知。

在何其冷漠日趨孤寂的文學世代，克全將其火熱溫度，幅射了此一時代家鄉文學紀事的能量！

我很慚愧年少對文學的雄心壯志早已泡沫化！唯獨他固執堅決悍衛金門文學的主體性，讓我動容不已。

無人走的路徑他踽踽向前行了！無人攀越的峰頂他也去攀登了！無人能阻擋他的去路，連他自己亦無能以其自身重力推開自己。

深夜的旅臺外鄉城市，我仍不由想起：「不廢江河萬古流」恆常性中的壯闊意象，亙古時空中人對事所需的豪情和堅定。

我亦然想到蔡國強 2008 年在策劃金門碉堡藝術節，原來身為藝術家創作身分的蔡國強角色突然轉換為策展人，而其策展理念和行動成為他的觀念作品。根據波依斯 (Joseph Beuys)：每個地方都是一個博物館的概念，蔡國強將其概念轉換為行動實踐。我很好奇如克全此小說、散文、詩三類合體全能寫作的他，跨文類創作甚至文學與電影評論寫作的他，又如何分類自己、書寫評論自己？

寫於 2016 年 8 月 10 日
刊於 2016 年秋季 . 復刊 5 號《金門文藝》季刊第 62 期

經濟學者的浪漫情懷
─序《楊巽詩集：影子與我》

　　楊巽是我同鄉也是我高中學弟，他寫詩，但我們並沒有深刻去注視他。詩壇很窄，家鄉不也是很小的一個島嶼嗎？可為什麼我們彼此之間錯過那麼長的日子，沒有在詩壇或家鄉相遇交心過？非僅於我吧，即連 2016 年黃克全兄所主編出版的《金門現代文學作家選─金門現代詩人》，除了沒有挑選楊巽詩作外，在其〈寸筆丹心─《金門現代文學作家選》編撰前言〉也不見楊巽名字。

　　大年初三在陳昆乾校長的府上，我與他首次見面，我問他為何找我寫序？他聊到高中時就讀過我的作品對我早有仰望，我愧不敢當。經深究原來他是在民國 67 年主編《金中青年》第五期時，讀到我發表在該期的兩首詩：〈瘋婦之一〉、〈瘋婦之二〉（寫於民國 63 年 6 月 16 日，64 年 1 月 3 日修正）。我民國 64 年金門中學畢業，推算民國 67 年我還在就讀國立藝專且行將畢業，估計當時應是以校友身分受邀給校刊兩首詩稿的，總之這兩首詩發表後我也沒見過該期刊物樣書。秉訓近日掃描了年少這兩首詩作的電子檔予我，人年紀一大，一些年少的故事有機會重新回溫一下，也讓人不勝感懷。秉訓是《金中青年》第五期編輯，我則是創刊號或前二、三、四期的編輯，也算是該刊物的開基功臣吧？沒有那些舊物提醒，一些記憶也開始模糊。

　　秉訓在該期「代編者言」引用《浯潮》第二期陳弘儒評論的文章，

提到：「我們勸『金門文藝』的同仁應多向『金中青年』的同學請教」，所謂『金中青年』的同學，應該係指民國 62 — 64 年編輯《金中青年》的許坤政（已歿）、許丕達、我、以及張國英等人吧，當時刊載於《金中青年》期刊內文稿，寫作的尚有許維民、蔡振念等同學。現在偶一回顧金門文藝發展軌跡，深覺若有甚麼值得書寫的文脈，我認為最不能忽視的除了金門日報副刊、蔡繼堯老師在金門救國團辦的《金門月刊》之外，其不能遺漏的應是金門中學學生主編的《金中青年》期刊，以及金門旅臺大專同學會主編的《浯潮》年刊，該年刊我曾主編過第四期，秉訓與楊肅民和呂坤和編的則是七、八期。現在想想我與秉訓既有這麼多的文藝發展交集點，為何彼此皆沒見過？不曾交集究因彼此各自內向的個性及人生某一時期的困頓使然嗎？總之，直到秉訓寫電子郵件向我邀稿為其詩集作序，又隔數月才拉開這時間的序幕，重返少年橫槊賦詩、激情與理想的情事。英雄出少年，我一直抱憾楊巽不應該被埋沒的。

　　楊巽，本名楊秉訓，是浯鄉優秀人才，年輕時進入國立臺灣大學就讀並直升攻讀經濟學博士學位，現任職淡江大學經濟學系暨產業經濟研究所。五十七歲已近花甲之年，仍然寫詩，經濟學主業之外，其平生最大嗜好則為文史閱讀。他自稱情感專一，人事家國皆然。然而，我猜想秉訓作為經濟學者，恐偏於人文科學甚於社會科學多一些，經濟學的理性思考及社會關注仍然掩蓋不住他內心幽微一面的發光，也即在此種衝突之下詩歌方為存在。詩人介入現實的一面，從民國 78 年發表於《笠》詩刊的詩可見開始，金門經驗、生活環境、存在哲學思考、

生命的基礎都成為寫詩的立基點。

　　此詩集收錄，大部份是從民國 100 年至 105 年所寫的近百首詩。尚包含有些早於民國 78 年所寫，更早於民國 66 年或者詩興起草，詩作保留數年後修飾完成的總集結，亦包括其極少數僅見於《金門縣作家選集新詩卷：仙洲酒引》之作品。一位經濟學者懷抱著浪漫情懷寫詩，想必寂寞，既無利甚至無名可圖，其所為何來？莫不是勇於受謬思召喚，甘於青燈下踽踽行走於文字阡陌，如今中年之後猶能堅持謬思信仰，擎起詩筆書寫不懈，畢竟不多。許多詩人寫詩發端於青澀少年期，成名於青壯期，像楊巽此詩集大部份集中於近六年的後中年所書寫，確實是一個異數。楊巽能如此認真對待他的詩作，系統記錄並結集，以《楊巽詩集─影子與我》命名共肆輯的打字影印稿，早在半年前完整寄給我，我因個人私事延宕不克立即為其撰寫序言，而延至今始能專心閱讀，實有愧疚。眼下，讀其詩、觀其量，我不由得感動莫名。

　　是的，看看他寫的這些詩、發表的時間，正是我於詩壇逃遁，隱身於大學學術圈子裡，甚少寫詩、發表詩，更少讀詩的空窗期。但這不是唯一的理由，楊巽何嘗不是渾然委身於高教的殿堂以春風化雨？我自忖人生激情或熱情已漸趨式微？或更大的原因來自於個人對詩的閱讀越來越有所要求，確認詩作為文學藝術中最為精微的載體，保有某種近乎崇高的敬謹。詩一方面反映了現實人生的精髓，一方面透析了精神層面的深不可測，而其文字語言之運用掌握及音韻、聲籟、行氣、結構等之掌握，需要具有高度的聰慧和靈敏隨著個人之內在底蘊而發揮。但我有一段較長時間已未讀到一些靈光乍現或令人低迴再三

之詩作了，並由其文字閃爍中所帶來的讚嘆和滿足感，對於詩，有時最無法忍受的恰是平庸或無所感或不可解的詩作。事實上詩的無理之妙、不可言說的理趣和天趣，有時更接近禪的一種頓悟。對於楊巽長期作為理性的社會科學經濟學者，如何能脫卸現實的表象及沉重外衣，以詩之浪漫情懷無所為而為，則頗令人好奇。

　　楊巽何時開始寫詩，我並沒有問他，但在這本詩集裡，我見到他最早的詩為下面此首：〈秋興一首〉，由其標註的年代來算，應是高中三年級所寫。

　　「民國六十六年夏舉家遷臺，獨留我在鄉完成高三學業。大學聯考壓力之下，季節更迭，不免孤單與寂寞。年少初嚐詩意，誌之以供珍藏。

　　深秋了！
　　我把西風望進
　　鼓鼓的家書卻被幾本「突破」
　　擠扁

（民國 66 年 11 月 7 日寫，71 年 5 月 10 日修飾，刊載浯潮第 8 期，
100 年 7 月 26 日改序並註）後註：《突破》，參考書名。」

　　此詩如他所標註的年代及自序，某種程度由其心靈的孤寂轉而發抒為詩，少年已初嚐詩意，且懂得寫詩，估計其人應該一輩子都不會離開詩。果真如此，以今天觀之，距離那作為金門高中三年級寂寞少

年所寫詩的背景，已然相隔數十年矣。當年獨留孤島上一人獨坐孤燈以應付聯考，力求突破人生歷程困境所寫，彷彿歷歷在目。

　　楊巽的《楊巽詩集—影子與我》為什麼以影子命名？莫非詩與他如影隨形？影子是另一種現實的對照，像鏡中花水中月之鑑照？或壓力之外飄忽，無所不在的虛無感，或是另一種如夢如幻的詩意？

　　檢視他的〈影子與我〉：

寂寞的街燈下
我與影子展開長長的對話

帶著一身沉重的黃昏
疲憊的身軀，找到
短暫沉默的依靠，我點著一根煙
星光開始迷惑，徘徊於日與夜的邊界

影子，你跟著我夠久了
曾經相約
肩背青春行囊，在亮麗的陽光下
結伴探索大海，征服山巔
冷峻的燈光瞧著
他顫抖地挪了挪身體，清瘦的影子更加修長

應該又圓又大的一輪明月

在這個憔悴的歸途裡，顯得那麼遙遠

影子，記得嗎

清晨好奇浪漫的微風，想把我們緊緊擁住

盛午激動的熱情，要將你我融合

可是，漫長的白天牽引出現實的磨難

你和我的距離愈來愈遠

夜色凝重，影子認命地

逐漸隱沒在惆悵的回憶裡

影子，或許我們該在這裡道別

　　影子不回答

隨著夜的深埋，影子拖著疒瘦身軀

孤獨地往黑暗裡

走了

（民國 100 年 6 月 29 日寫，刊載《創世紀》詩雜誌第 173 期）

　　此詩語言稍嫌漫散，應可再濃縮。然楊巽以此單首詩名作為全本詩集統合，想必有其深意及對此詩的期待，「星光開始迷惑，徘徊於

日與夜的邊界」影射現實忙碌中人的迷惘及徘徊邊界或邊緣，誰都懷想現實或實質的成就，可是：「漫長的白天牽引出現實的磨難／你和我的距離愈來愈遠」、「夜色凝重，影子認命地／逐漸隱沒在惆悵的回憶裡」都隱喻了該詩所要彰顯的現實意義。以如是觀，楊巽絕不是逃遁或純粹抒情的詩人，他的詩大部分都基於現實的感懷而書寫。

　　莊子的「罔兩問景（影）」是著名的寓言，其最大要旨在於諷諭人原本就是依附於世界的一分子，但卻不自知。一個人如果能覺悟：設若人心有所依附，並進而超越執見，便可理解萬物齊平的道理。罔兩是影外重影，必須依附影子而存在；影子又要依附形體才能存在。因此罔兩和影子的存在，都是有待的，有待是「要有先在條件」才能成立的意思。

　　任何人類的存在應都是有所依附的（依附形體），而其所依附的對象也是有依附別的事物而存在，像這樣的層層上推，彼此依附的存在關係，用之來做為詩人的觀看哲學或角度是極其相宜的。

　　詩似乎無法確切要找尋答案，總無法確定為什麼會這樣，或者為什麼不會這樣呢？我們存在的時間空間裡，人事地物景與人的意向性投射，或相依附互相轉注、假借，並做為表述傳達，可謂比喻。詩人要創作寫一首詩大抵很難離開抒情、表意、言志，其嫁接的還是比喻手法為多（含明喻、暗喻），楊巽的《影子與我》其中透漏的深意或「詩以載道」對讀者而言應無違和之所在，不難閱讀。

　　「萬事萬物皆有所依附，層層相因，終極則不可知。」象由心生，形隨意轉，「影隨形走，形來則影來，形去則影去。自己都是依附他

物而存在的，又那裡能問他物依附何物而存在？影子與罔兩的問題更彰顯出反諷意味。罔兩依附於形影，人的形體依附於心，心是形體的主宰，不能知心的精神狀態，即不能知萬物的原理，只從形體方面推究，是徒生枝節，無法明白真理。」（見國家教育研究院：辭書資訊網）

　　我個人無法認定楊巽的《影子與我》其初衷是否來自於莊子的哲思？近些年來我對於文學藝術創作的觀點，總持著凡人的哲學思考其實統御了個人創作的高度與深度，你有何種的視野和思考就決定了你創作的位置。

　　對於大多數從孤島成長的浯鄉人，因成長困窘現實環境使然，其人生總會先從現實考量出發，然其內心的浪漫及對桃花源理想情懷始終未曾消退。秉訓與我均為如此，我們未曾於現實敗北下來，卻也戀戀於詩浪漫的行吟，我想中國歷代傳統詩人中，不是有諸多因仕途乖桀而轉於詩詞的抒發嗎？但看秉訓的〈浪漫的經濟分析〉：

　　含羞的島嶼

　　已然是蕩漾的季節

　　沒有經過預約，就無法擁有

　　面海的景緻

　　沙灘哪！是誘人的頸肩

　　月下散步的氣氛

得用情調音樂撥動，用成串珍珠
鋪陳一地散落的貝殼

風在耳邊廝磨
喜歡追逐，無止無盡的承諾
寬敞的跑車，載來
對你纏綿的情話

親愛的，在這見證幸福的夜
為著粧點無邊詩意
我會用更多鑽石光芒
綴滿星空

（民國 96 年 7 月 18 日寫，刊載《金門縣作家選集新詩卷：仙洲酒引》）

　　經濟分析是理性枯燥的，加諸浪漫原本是衝突的，此〈浪漫的經濟分析〉其實是做某種現實的諷喻，或關懷，或自在幽默調侃戲謔，唯其如此，詩才彰顯出其張力。類此對比式的命題，如〈舉牌工之夢〉、〈儀表板的人生〉、〈海的謊言〉等均存在著此種況味。秉訓自謙：對有興趣的事才會起勁，毅力耐力不足，經濟學只為謀生工具，雖能提高理智，卻不能陶冶性情。然寫詩何嘗不需有抗壓性呢？

　　秉訓的輯名，非從輯內挑出一首為輯名，而是另外命名，可見其自許自況的深意。但楊巽詩集中四輯：壹、都市叢林，針對的是臺灣作為島嶼的暑熱、社會底層卑微的夢與心酸、農地事件等社會的紀實，類似報導文學的反應臺灣社會面向、人民、社會邊緣議題，寫實。貳、後花園小徑，則是透過臺灣風景區、旅遊特色景點等入詩。參、藏寶圖，意味著輯內的詩需按圖索驥，方能尋到寶物，寫詩是一種瓶中稿，讀詩是一種再發現的趣味，詩人的命題深意不言而喻。肆、返鄉專機，從詩題看得出明確的是金門意象，完全是金門議題的書寫。有淡淡的無奈和諷喻，寫的是家鄉的現實困頓與現況反思，有批判有議論、有眷戀、有景緻自喻、有感抒感懷、有歌頌、有輕吟，看不出太玄奧的老莊哲學思維或存在虛無之感。

　　楊巽的詩具有現實性的概括和描述，各種周遭生活面向、社會發展議題皆能入詩，語言部份近乎直白或散文化，輕鬆不凝重，也無特別晦澀或其它藝術形式、流派的建立或爭議。個人覺得其詩中意象少了那麼一點氛圍的形塑，俾能造成驚喜或迂迴的空間、行氣語氣的講究，其詩風格的識別度更需要建立。但文學藝術是一條長遠的路，一個詩人在這樣風雨飄搖、晦暗不明的時代，能安身立命靜默下來寫詩已不容易，況乎其它的要求？

　　文末，我願意引用他寫於 78 年 6 月 26 日並刊載《創世紀》詩雜誌第 76 期的〈陽明湖畔〉數行做為結論。

　　此詩前段「一棵飽經風霜的老樹／靠著湖邊，斜伸出乾枯雙足／兀自洗濯他的年華／不曾引起什麼人注意」，極能反映出我對他此時

此境的感受，詩是可感的，他書寫家鄉一棵老樹，卻也同時讓我自況自喻起來。此詩後四行：「閒情無寄，乃以其殘缺的手勢／招棲幾隻愛談論的鳥雀／對著青山綠水，相伴／而且吟哦起來」，楊巽若是閒情無寄，如今，我則也是閒談的鳥雀。但願，此序能招棲更多愛談論的鳥雀。

脫稿於 2017 年 2 月新北市板橋家居
刊於 2017 年 3 月 5 日《金門日報》副刊
收錄於 2017 年 7 月初版《影子與我—楊巽詩集》

輯二

精神還鄉的時節

精神還鄉的時節

一、塔的仰望

　　上個月，清明節過後回到家鄉，受邀至金門縣文化局參與文化資產及歷史建築審議案。會後，就當中金門酒廠旁的摩崖石刻群（及文臺古塔區域內）的處置案，我們做了實地訪查，其中一塊刻有金門明末遺民董颺仙墨寶之石刻被切割至酒廠圍牆內部來了，文物無辜，身不由己，因戰亂、軍事之需而被切割納進圍牆內被人遺忘的角落。但我覺得非戰亂之故，乃因先前軍管時期政府或酒廠缺乏對文化史蹟保護及重視所致。董颺仙石刻宜早早讓它恢復一個可觀、可導覽的空間腹地為宜，再也不能躲在酒廠藥水回收區內終至暗無天日，漸被遺忘。

　　再循至文臺古塔的「虛江嘯臥」俞大猷將軍慷慨賦詩之地，然石刻群內出現了石下深深鑿刻的防空洞，應是有通於酒廠內的坑道地窖，坑道從前為戰備之需，現利用為儲釀高粱酒之地窖。我的內心感懷至深，戰爭使古蹟文物流離，坑坑洞洞、傷痕累累。

　　我從不同角度拍攝了文臺古塔、一再仰望文臺古塔，頃刻童年所有記憶傾巢而出，一時之間湧現了諸多感懷，民國四十六年 (1957) 農曆的四月初九晚，金城鎮浯島城隍爺正式出巡之前的一個夜晚，我誕生於舊金城東門二號，就在離文臺古塔數百公尺正對面的一座小洋樓，這座小洋樓據一位同為惠安來的鄉親說是請他祖父建造的。出生五個

多月後，我從祖母的手中被抱給了嬸嬸，我離開了未來有可能成為汲汲於田墾家園的農人身份，轉到了後浦城裡南門的雜貨店跟隨叔嬸生活，跟著鄉俗之說就是去過繼招弟，展開一個身分認同拔河拉扯的人生，彷彿這一生就是與邊陲、邊緣、多元、分裂、不確定、跨域錯亂的後現代現象症候有關，一直到前些年我親生父母親先後仙逝，訃聞所示及出殯時，所有親身兄弟之舉措都群而確定我為「出嗣」之身份，並且最終沒有將任何田地產賦予我，祖父的舊金城起家厝，僅成為我親身兄弟那一房的祖厝，祖先的靈堂沒有了叔嬸沒有我過繼的這一房，我與叔嬸們一家都彷彿是被逐出家屋家譜的人，而我更終究成為沒有家鄉的人，不知如何家祭的人。來到酒廠，來到文臺古塔，來到明洪武遺留古街道，對我而言皆是舉步維艱滿佈傷痕，誠如那些銘刻先人詞句、表面創傷不已石刻般的沉重。

二、命定宿命

回臺後我在臉書發抒了文臺古塔的照片，摩崖石刻的創傷情境，並祈福金門不再有戰爭。

而我對文臺古塔的理解顯然不夠深入。我的同學張雲盛就我臉書照片，提點文化局：文臺古塔其實是文斗的塔型，外表像一支筆，上面是筆帽，意思是文風之地，而塔上刻有文魁星。這一提點，震驚了我內在靈魂久久未止。我不就出生於文臺古塔正對面的那塊東門二號老家的文風之地嗎？那文魁星不就是舊金城長久罩我的星斗嗎？我如

斯喜歡舞文弄墨大半輩子，莫非就是一種命定的宿命？如此我還會是一個沒有家鄉、注定背海望鄉的人嗎？

　　這個時候有個巨大詞語閃過我腦中，該是「精神還鄉」的時節了！我也畫張跟塔及金門出生地有關的畫作吧！我記得去年中秋節前，在福州黃董事長的壽山石館翰墨文藝參觀後，福師大畢業的馮巍攜同任教於福州廣播電視大學的黃勇教授，帶著我去看他的畫作，進入他的畫室後，迎面而來的就是中央美院范迪安院長所提「精神的還鄉」之大字！然後眼前所見幾幾乎全是以塔為題的畫作，這倒引起了我一探秘境的好奇之心，我跟馮巍談了很多，從西方巴黎聖母院的教堂、莫內以教堂為名所畫的印象派名作，一直暢談到德國里希特「形象的模糊」之藝術演繹。馮巍也重複性的畫起塔，且是一張張無人現場的畫！塔被符號化了，他要傳遞些甚麼？塔作為文化遺存應有其獨立的意涵！

　　我應該也要畫一張塔，以文臺古塔為主體，連結我的出生地：業已拆除新建的祖父起家厝之舊影，那不斷纏繞我內心的模糊形象，追憶舊金城出生的祖籍地，作為我精神的還鄉，畫面的造形元素亦不會只有塔和小洋樓，將還有坑道、傾斜的路徑，鐵絲網、淒清的滿月，糾纏的色彩，以紀念我所在意且感傷的硬體地物產繼承之無緣及形象被消滅，但精神記憶將由我詩歌來綿延擴張。而如果文魁星也意味著是照亮我的星斗，那麼我此生以文字以畫以影像以學術來照亮我此生的精神意義，不昭然若揭嗎？我將以此作為新的家風，讓世世代代以文心奉養精神支柱，所有世俗的貪婪、道德的淪喪，將不會在我業已出嗣而重建的家譜發生。

三、詭譎歷史

我很高興從 2003 年講學於福建師範大學起，我能為閩臺的文化及學術交流作了一些貢獻。

我對福建這個地理名詞有著很深的鄉愁。閩在門內是一條蟲，所以出外有機會成為一條龍。當年的祖父從惠安張坑村一人出外來到金門城，憑著一把斧頭開啟了金門三代，一個人但憑勞力清苦做人亦能興起家族。我 18 歲時從養育我長大成人的叔叔以 1300 元讓我出外讀書自創天地，之後亦無能供給我讀書及生活開支，但我靠打工及姊姊給的一點零用金支撐，倒也讀完了三年書。我等之事都應證了閩人對於閩字既定的某種說法。

相應於兩岸政治上戲謔式的變化，閩臺更起了極大的變化，我是住在臺灣的福建省金門縣人，大陸人說的「臺灣的金門」，臺灣人說的「外島來的金門人」，我不去糾結沒去想這些的時候，一切也沒事，究竟臺灣許多居民祖先也大都來自福建，然而極近的地緣地理因素迫於歷史因素業已產生位移和錯置。

但我從小身分證就是福建省金門縣，福建省金門縣是原鄉，更大的是福建一詞。我散步行走在金門縣金城鎮南門里雄獅堡附近的海邊，首先碰到的就是福建省政府，然而 2003 年我曾到了福州市而在舊省政府院內住宿過，彼時因為返鄉心情跌宕之故，我曾在會所面對窗外府內一棵大樹流淚不已，今年因事我到了廈門市，之後行經大嶝島旅遊，特別到金門縣政府之遺址參觀，在熟悉的建築形制下充分感到歷史之

詭譎變化。

　　我記得 2003 年講學於福建師範大學美術學院、閩江學院，我在最後的講座中屢屢由同學們的加油聲此起彼落中哽咽完成。

　　我為廈門大學和福建師範大學牽頭分別與國立臺灣藝術大學簽了姊妹校合作意向之連署。受益的學子為數不少。

四、文化基因

　　年近六十，早已過了知天命，行將進入耳順之年，我卻在人生機緣下作了一個無法預測之轉折。祖父來自於以石雕聞名的惠安縣淨峰鎮前爐村爐內自然村（現在之編制，過往之說為張坑村），喜歡石雕的文化母體不時殷切召喚我，此一文化基因，在我中年之後突然甦醒起來，無論玉石、壽山石、硯石、歷朝石雕工藝，甚至石雕佛像等，無時不刻在吸引我傾身鑽研。

　　福州是我生命中第三故鄉，與福州的聯繫來自於 2002 年受邀為「酒香古意 2002 金門詩酒文化節」出點子，為來金兩岸四地詩人策劃活動開始的，2002 年 9 月 19 日該活動於金門公園管理處遊客中心簡報室盛大舉行，作為策劃人之一，我因而結識《台港澳文學選刊》美術編輯同仁王蕭健女士，因她之故，她介紹了我認識她就讀福建師範大學美術系的恩師鄭健，透過其安排，由此展開了 2003 年我在福師大及閩江學院的專題講座和交流。翁振新院長、張銘清副院長接待我，沈也老師更帶我去他畫室，我在福州的行程總溫情滿滿。俟我於 2006 年接任

國立臺灣藝術大學視覺傳達設計學系系主任兼研究所所長之後，我更積極促成了福師大與臺藝大建立姊妹校並作了更多的實質交流。而最終在 2010 年我經由招生考試入學成為福師大美術學專業博士生，期間更主編了《兩岸文化創意產業大賞》上下兩冊並正式出版。

2008 年我首次在臺灣藝術大學伴同臺藝大黃光男校長及校內等主管，接待從福建高校藝術院校系領導參訪團，因而認識了李豫閩院長，開啟了我們的師生緣，我的論文選題背景和動機除來自於我執教臺藝大的文創產業發展背景，更大一大部分來自於導師李豫閩博士在《閩台民間美術》中的一段提點：「如今壽山石雕產業廣泛運用現代化機械加工手段，出現盲目追求利潤、粗製濫造的傾向，浪費了大量石材，而石材的資源是有限的。壽山石雕藝術的未來發展，首先是要找到它在現代生活中的文化意義，並且在現代與傳統的結合上確立新方向，發展出自己的現代藝術語言，包括對傳統技藝經驗的深入研究，對國內外各門類藝術的吸收、借鑒，以使壽山石雕藝術在現代生活中獲得更新、更大的發展。」我的論文撰寫因而展開。

由於李豫閩博士的體諒、支持、指導，我才能持續往返兩岸之間完成學業。我並感謝求學期間廖彩勝、翁振新、朱以撒等教授指導、預答辯的朱以撒、徐冬樹、蔡清德、羅禮平等教授的指正，盲審與最後答辯的所有審議委員們。感謝鄭健教授長期默默的鼓勵我，選擇離原鄉惠安最近的福州市，一償返鄉夢。這一切都是人生的機緣。向先祖告慰我在行將花甲之年獲得了「福建師範大學美術學專業文學博士」學位，我感謝家鄉的文臺古塔文魁星斗照亮我如海的人生，我原名「張

國海」在原家庭排行第十，男丁第六，上有一五哥叫「國山」，我出生五個多月後尚未斷奶即過繼給叔嬸，因報戶口戶政人員筆誤為「國治」，從此山海分離，漸行漸遠，我開始我的「海海人生」，熟識我的親朋好友至今仍喚我「阿海」或「海阿」。

初寫於 2015 年 5 月 5 日

張國治獲得福建師範大學美術學專業文學博士，於美術學院院長辦公室，與博士導師李豫閩院長合影

濱海五則

一、海堤

　　沿著這攤黃色野花蔓延的沙地行走，無須當代多餘的藝術裝置，無須點綴的粉彩燈飾閃爍，近十五皎潔的月亮已昇起，迷彩新漆的槍砲筆挺矗立，瞄準一輪淺絳橘色落日，沙地上深陷有序足跡是英挺騎馬少年踢踏出來的，他踢躂馬蹄聲一路響在這沙洲沿岸。

　　多麼蒼茫，多麼雄渾，令人心生艷羨。

　　雄性英挺渾然厚實馬的線條，加上那英挺雄性的年華啊！但沒有馬鳴，涉足落日的淺灘沙洲，循著地平線與遙遠落日構就我此刻落拓家鄉的唯美、滄桑，美而無法言語！

　　不要飄來炮戰前的空拋彈，沒有瓶中稿，讀海讀得寂寞的海浪，累了，像曲折的淺洲，此刻安靜的曝曬，充滿深沉的藍，防波堤沉重的花崗石都累了。剩下寂靜，沒有喋喋不休與爭吵。

二、海悅

　　是的，堅決一個人孤獨留宿一晚。庭君很貼心，有鑑於上回城裡的吵雜，這回，為我訂了海悅民宿，昨日城隍爺出巡繞境繁喧之後，今日是徹底放鬆的時候。

下午趁著落日下沉之前我走了一趟雄獅堡，拍了詩意一般的退潮景觀。

只有那些飛蛾、臭蟲向著燈光附著在紗網上，探視我一顆安靜思潮卻如遠方黑暗中彷彿可聽聞的海潮迴盪。

夜裡，僅剩一株路燈投射下兀自橘紅璀璨怒放的木棉，海戀微風、觀海天地、Joan coffee 均在旁，1.30km 湖下海堤，1.42km 雄獅堡，總之往前走下去就是我熟悉的海與行走的沙灘，我還沒抵達民宿前，已趕在落日前去走了一趟雄獅堡海堤，我遇到我國中的國文老師及在高中教英文的師母，他邀我去家裡坐，我沒進去。我在家鄉自幼起已習慣於一個人的行走，即令海邊。那遙遙望向家鄉的容貌變了嗎？身影還在否？是的，一切均沒啥改變，一個漂浮的島嶼四周均是海浪，歷史尚未有陸沉的記載，眼前又有那麼沉重堅實的花崗石作為基礎，我為什麼還在擔憂他在不在？

是的，我多麼享受這種孤獨的美好！當一切朝陽落日、野草黃白花、駁船、沙洲各就它的位置秩序，我的心跟著一樣平復詳和！

三、海之頌

看了約翰・伯格（John Berger）《四季肖像》電影後，我自承我尚未真正認識柏格，我只是從年輕開始即以孺慕之心初讀他的《藝術觀賞之道》(ways of seeing) 以及影像的閱讀 (about reading)，我一直要真正去靠進他的「說故事的人」的聆聽方式，理解他的「沒有家鄉之概念」。

觀看、聆聽，散步，行走，勞動，許多思維論證、思辨、美學應該是循環不息累積出來的，今年1月他就放下他思考、觀看的方式，成為永遠的沉默。昨日飛機航程我又攜帶了他的《影像的閱讀》回來，現在靠在紗窗陽台後讀著他的文字。上次回家鄉正好帶著德瑞克・渥克特 (Derek Walcott)《海的聖像學》一路伴讀，隔日正巧聽聞他的辭世，那種巧合令我感到極度錯愕。人能真正留下甚麼？唯有思想、詩與藝術而已。

四、如海潮飄去的記憶

我在臨海的民宿一個人獨坐案桌，心隨意地飄，大多是在回憶。此夜靜極，回想到上回到金門大學參加文學現況處境之座談會，茶歇時，突然憶起高中一起讀新潮文庫的某同學，為論及根培同學告知了他多年前早已辭世消息，我有一種難以置信的反應，我一直想寫點文字以紀念這位高中時代他對文學追尋而影響到我的那部份記憶，回顧起來，我在金門高中有著幾段難以忘懷的記憶，林是其中一段，對我自身而言更有著一種難以言喻的記憶潛藏於心底，我高中時寫過小說，年輕時也做過寫小說的夢，但我是很少說故事的人，我沒有那麼勇敢寫下我生命中所發生的故事，但林，一亡故的少年同學，我與他一起有段文字追尋的故事，他曾啟迪我，追憶起那些年華，我從未曾忘掉過他，林在我讀高一時他已經18歲了，他隨從鄉親遠渡汶萊做了幾年工作掙了點錢後，還是回來家鄉讀書，他是小金門人，回家不方便，

所以在後浦租賃了小房舍，我課後常去住處找他，他那時嗜讀新潮文庫，看廚川白村的《苦悶的象徵》探索文藝理論，以及芥川龍之介、三島由紀夫、赫胥黎、賈克倫敦的小說，我跟著他看，但我更愛波特萊爾的《巴黎憂鬱》、王爾德《擺盪的人》以及赫曼‧赫塞《流浪者之歌》，我們重疊的部分則是讀大林文庫的《第七度》以及余光中《蓮的聯想》，然後我愛極沈臨彬的《泰瑪手記》。

臨海的飄絮，沉在防波堤的記憶，讓我有一種說不上來無由的沉重和悲傷，但更多的是一種無常與虛無的恍惚。對了，林最愛談「叔本華論生命悲劇哲學」以及「尼采的超人哲學觀」，而那時候我看了《首仙仙日紀》，以及王尚義《野鴿子的黃昏》、加上《齊克果日記》後，對照著 70 年代彼時金門的風聲鶴唳氛圍，想想我們的心靈何其壓抑或者迷途與出走？在那個炮聲呼嘯而過的夜晚，我與林在烈嶼鄉上林村中墩小村落，就著微弱燈光，在違禁品錄音機的放送下，小心翼翼聆聽著瘂弦朗誦葉維廉《醒之邊緣》的錄音帶，我對著不可知的詩旅程又多麼充滿期待與想像！

五、想像在這裡無盡延伸

第二天推開窗簾，正前方果然是一片海，群鳥吱吱喳喳叫著、鷓鴣鳥也叫著，麻雀更飛到陽台覓食，遠處蚵田及海、圈圍的馬群，往右眺望一片新蓋的民宿樓群，大部分是漆成白色的，似乎在等待著藍天或火紅落日來映照，再過去海中蓋了一半的金烈大橋，像斷了海堤

的光景懸在白色海水中，似乎也沒人在關心著。

　　我想到維斯康堤改拍托瑪斯・曼 (Paul Thomas Mann) 的《威尼斯之死》中那行走於海邊的作家、海明威 (Hemingway) 的《老人與海》，我突然想到：為什麼寫作都需要一片海潮可聽聞內心之澎湃？一片穹蒼可望日？一片綿延的沙灘可行走？一片星辰可望月？

　　約翰・伯格說：想像在這裡無盡延伸，他說的是草原，山中一切，一樣的，山海的追求，要的是寬闊、想像。

　　孤獨所為何來？不就是要那顆絕對寂靜絕對綿延、絕對想像的心靈世界？

　　我從來就不怕孤獨，旅行時隨身攜帶一本約翰・伯格的書，一頁一頁的讀。

　　下次更撿拾自己的畫筆，面對一片海潮鳥鳴。

　　約翰・伯格《影像的閱讀》第 208 頁〈原野〉文中寫著：當我安靜沉思時，腦中反覆思索著生命的意義，希望能解開心中的疑惑，……原野等待著第一個事件的發生已經很久了——以便有所感覺。現在，我知道我可以在原野上聽到各種聲音，各種音樂。

　　伯格如果來到這海邊，他也應該有各種故事，各種感覺的。

　　想像在此無窮盡的擴張、綿延……。他曾引用俄國諺語：生命不是走過一片空曠的原野。那麼生命中空曠的原野需要用心靈去填充，用想像去綿延。

　　這種我稱之為生命孤獨的風景正如詩傳統中生命的靜觀與自得。

　　住在濱海的民宿，我果然有一片喜悅的海潮。

有一片充實的波浪聲激盪著心中的靈魂。

2017 年 5 月 8 日 寫於金門
刊於 2018 年秋季號《金門文藝》季刊第 66 期

雄獅堡的落日

停格的年少記憶
—我與陳龍安及陳龍福

一、

我很多年沒靜心詳細寫日記了！那個從國中開始即在《青年日記》本子中寫日記，少年時的我去了哪裡？缺少了文字記載的書寫，內心底層諸多情感記憶卻不曾消逝！

關於我童年到青春期的一些家鄉往事，最深的雜貨店成長記憶，因了陳龍安哥的蒞臨臺藝大一場演講，而讓我喚起那深埋久藏的年輕記憶，且繼續擴散漫延。

在浯友會的群組中，陳龍安教授早知道我在臺藝大教書，便提前約我中午時一起吃中飯，12點左右他就到學校了！

從陳龍安哥離開我們家的記憶那一刻，彷彿時光就停格或消失了，我就沒再見過他本人，但他的形象卻是存在於我眼前的！包括陸續從家鄉金門日報的各種報導，如：他在金門小學任教服務績優、保送升學及至後來成為臺北市立教育大學國內知名創新教育教授，著書、四處受邀演講等消息不曾間斷，卻始終無緣再相聚。

那麼應該從我7、8歲小學至今，時間記憶就停格。生命是種偶然的安排相聚，一如那刻骨銘心的知名電影《偶然與巧合》或其它，我此刻就身處在時光蒙太奇的剪接中，飄忽跳躍但尚有敘事主軸。可我真的拚不起陳龍安入住或搬出我們那個也是租賃來的家之正確年代，

演講期間我也來不及和他多聊一些可記憶、關於我年少的事情，就等著陳教授來回應吧！

演講談的是「創意思考教學」，還沒開講之前，我 11：40 左右便在 901 教室等候和他相聚了。待他一到教室，印象中他讀金門高中或特師科形象就倒映回來了！

那個沒有手機、沒有臉書、Line 的年代，困苦得連黑白照片都是奢侈。現在一見他出現在眼前，卻彷彿時光可以回流倒帶！童年時對他的影像真實般浮現。從他現在的老成穿過我青澀年幼童年記憶去見到他的年少清純學生模樣，時光的遞嬗令人不勝唏噓，卻又自然。

我們合照，交換書。我的學術論文尚未出版，我贈以《金門藝文鉤微》，他送我《創意思考教學》已第六版之大著贈我，合照後、隨即在 Line 浯友會社群發佈。

陳教授果然性情中人，演講一開始就動之以情，令人溫暖。他提到：一位雕刻師為什麼能雕刻出好的作品？乃匠師說到：因為心中有菩薩。我在他演講結束時，忍不住反饋：心中有愛、有大師，原來就是臺藝大師生的特質，但我心中記憶卻有陳龍福、陳龍安兄弟。

二、

陳龍安哥在臺北市立教育大學退休了，現在是實踐大學企業管理研究所教授，是第二春事業。更是知名的創意思考教學教授，現在雲遊四海或說周遊列國到處演講、遊歷。其演講對象從各大專院校乃至各大企業團體，以及東南亞、大陸地區等。

演講沒多久他便說到小時候人在屋簷下，就住在我們家深井旁搭的小房寄宿讀書，那應該是我讀小學3、4年級時吧，他說那時看我們家吃得好，看我從小喜歡畫圖，便預測我將來一定是個藝術家。其實我沒告訴他從小時候，那個小房搭上下層床板，他們兄弟在裡面讀書，特別是龍福哥在裡面作畫的情形，是最吸引我的地方，我常在他們關掉門鎖離開之後，往內探看，想從中看到知識的寶庫，想學習這一生如何好好當個讀書人的樣子。小時候是因為家裡住了這一對用功青少年的身影，才致使在雜貨店長大的我有個精神的寄託，使我這個過繼給開雜貨店的叔嬸、於忙忙碌碌店中長大的囡仔，得以對知識心嚮往之吧！

三、

陳龍安教授提到：我當年吃得好！他一講我眼淚便打轉了！當年金門戒嚴，戰地政務實施時期，大兵多時，叔叔在城裡開雜貨店，比起其它行業應該是日子好過一些。以至於我當年因為晚報戶口而無法應屆入學時，才有機會讀了兩星期的幼稚園，後經人說去，遲了兩星期才去就讀金城國小。

我一直刻意遺忘珠浦南路17歲之前的那個記憶。直到陳龍安教授的演講喚起我所有青澀的記憶！我一早在少年的記憶騷動中清醒，不斷啟動著時光播映器！

我在龍安哥的臉書留言，把此種複雜情緒說給他聽，他鼓勵我寫出來發表，並要找照片給我。關於珠浦南路雜貨店的這個年幼記憶版

圖，我因為處於不堪的記憶，有時候我不曾刻意懷想他，以至於流失了很多珍貴記憶。狹小的廳堂，有著八仙桌，上面擺置著供奉嬸嬸祭拜的神祇及神龕。正牆上貼金童玉女的送子觀音圖，以及各種符令。左牆上貼滿我就讀小學時從學校獲得的大大小小獎狀。一張不大的餐桌兼我和二姊小時候的書桌。廳堂左右各一廂房，右廂房連結著珠鋪南路四號的雜貨店鋪，叔嬸就睡在那房，左廂房較大，我們七個小孩全住那房。我已忘了那樣一個極小的廂房內如何處理六、七個小孩？我 5 個月大過繼給叔嬸，應該是從老家舊金城被奶奶送往後浦金城裡，在這雜貨店的住家住到我快高三 17 歲的暑假。

　　嬸嬸這一輩子，嚴格說來應該是生了十胎，存活著是二女四男，在我上面的兩位姐姐存活了，二位男孩養活不了死了，後來又生了二男還是活不了，因此祖母把我抱來給叔嬸過繼招弟，原來對象不是我，而是我的三哥，是那位在金門開牙醫診所賺了整個金門山很多錢的哥哥，因為當初他已經長很大了，應該是不適宜，所以才換成是我，這是叔叔過世後聽娟妹轉述的秘辛，她說叔叔生前曾提到，如果抱到三哥，三哥那麼會賺錢應該會更好更幫忙養家。但是幾年後，叔叔應該分得的財產，那些侄子一個也沒分給他的親身兒，我更是一分錢一塊地也沒，他心中存念的那位可以幫忙養家的三哥，在財產繼承所展現的無情貪婪令我深為難受，而他生前的嘖嘆：「啊！我的兄哥真狠啊！」總迴繞我心，我終得無法替他彌補。我太善良也太無知，我從無法想像我認為一概善良的親身兄弟能做得了這種事？他們一概認為舊金城祖父的田產祖厝，甚至叔叔年輕時的小樓房也是他們的，4、50 年前在金城東門菜市場最初叔叔與自己親生大哥各出 5 萬元合蓋的店面房子，

叔叔也毫無來由被迫讓渡出來，即連父親過世後隔天的家庭會議，他們如何羅織叔叔年輕時到城裡去做雜貨店即是分家了等等理由以獨吞祖產，這簡直荒謬不堪。當時我抵不過他們的合眾之力，含淚離開那個他們新蓋的祖厝。我回臺後含淚寫了一封告白信，首先表明祖產他們可以不考慮我，卻絕不可以不給叔叔這邊。但後來他們非但不分給叔叔這邊的兄弟，更對外說我自己放棄的，有信為證，這讓人簡直大崩潰，我那封心情氣血的告兄弟書他們讀不懂嗎？不但沒幡然醒悟，甚且取來用為貪財的理由，好吧，遺產容或我可以不要，但財產應一半給叔叔啊。我更無法想像：對外說此種理由的我這位兄弟算是學法律地區自治法的知識分子，也是金門的公務員退休，現在還在金大兼課呢？此種掩耳盜鈴的貪婪之舉，真讓人心疼，而我非常深刻記憶的是，小時候在珠浦南路向姨媽租賃房子經營小生意的這家小雜貨店，每到中午嬸嬸就開始忙碌異常，因為她要煮 17 人的飯菜。那時來城裡讀書的兄弟甚至包括表兄弟都會來依靠叔嬸吃中餐。小時候我真的也不知道，這些一起共餐的就是我的親生兄弟。我十三個兄弟姊妹，排行第十，男的排行六男。我過繼叔嬸，上有二姊，招弟妹四位，我的人生放諸舊社會對映，一點都不離奇，過了大半生我回顧起來感覺夠戲劇化。那些兄弟紛擾糾纏我或可以斷然不再糾結或刻意遺忘，但兒時雜貨店的畫面卻因著陳龍安教授的提點，皆已被撩撥起來。

　　我真的應該斷然離開那些陰暗，迎向新生。陳龍安哥應也會如此言勸，只是他應該不知道我隱藏的人生一面罷。

寫於 2015 年 4 月 17 日

無以命名的紀念文
一懷念洛老

一、磐石仰望

　　洛老過世那晚，我還在電腦前為《文訊》雜誌社五月份策劃舉辦的「新陸現代詩誌社」詩展及特輯專文趕稿，正查閱我與王志堅、徐望雲等新陸同仁共同為洛夫所舉辦的那場學術研討會之紀實，已是將近 30 年前的過往，我很慎重地去核實了那場會議的日期及內容。1988 — 1991 年我曾把一段最可貴的初心和青春交付了《新陸現代詩誌》主編的歲月，整個心靈狀態與現實工作，從視覺藝術領域遷徙到詩創作及詩誌主編，這樣的日子盤據了數年之久。與其說交給新陸，不如說，是交給了臺灣詩壇、交給了繆思理想的國度。邁入 1990 我們策劃了一項回顧專號：現代詩發展的省思。在此期的內容上，我們發揮了做為民間詩刊社團極大的能量，策劃了新陸現代詩學講座系列之一「洛夫詩風格再審視」研討會及專集，於 1989 年 11 月 19 日假臺北市耕莘文教院四樓舉行，由徐望雲主持，邀請陳樹信、李瑞騰、孟樊、洛夫親自主講，78 頁至 89 頁我編的專題除了座談會的紀實逐字稿在詩誌內呈現、更有潘亞墩、劉湛秋的專論及洛夫詩近作五首：邂逅、香港的月光、空白之書、秋之絕句、水族箱。整個專文內容刊於《新陸現代詩誌》總號第七期(革新版第三期)1990 年 5 月 26 日出版。洛夫當時

很感動詩社能在文學艱困的時代裡，還能舉辦那樣的座談會。那天他的結語有一段話：「談我個人的創作歷程。在年輕時代，我總想要去實驗語言。在接受各種外國文學思想之後，我以為就有責任使他們成為我詩中最重要的部分，尤其詩是強調語言。儘管語言所能表現的是經常不足。」這段話的提點，也經常是我詩創作的指標，儘管我們很難追得上他語言的魔法，卻也提供了我們品鑑他的詩作所應該要有的策略。除了這段讓人印象深刻的自剖，他更提到：到了晚年，我終於踏上少小離開的故鄉土地，我有所感悟。尤其最近幾起的政治事件後，我覺得應該去尋找失去的，以及應該重新調整自己。去做一個中國歷史的見證人。」時為 1989 年，那時的洛老與我們合照是穿著皮衣夾克，帥勁、英挺，有著生命的豐潤，露出燦然的笑，外表看來十分年輕啊，何來如他所言：「到了晚年」？莫非從年少離家那個時代走出的滄桑，早就讓他把蒼老心境一點一點儲藏起來？也點出彼時臺灣外在的政治現實促使了他即將遠行千里的決心。

　　那是我們詩誌社唯一為臺灣詩人做專題舉辦的一次研討會，洛老應該深知我們對他的崇敬。那時，我 31 歲，處在 80 年代的後期，我們沒有如其他新生代的詩社或詩人們一心想與老一代詩人切割，我們深知洛老寫詩的魔力是一般詩人望塵莫及的。

　　除了那場新陸詩學講座之外，之後我們還辦了其它五場講座，其中現代詩學講座系列之四「後現代夾縫中的詩刊－座談會」於 1990 年 2 月 11 日年假臺北市五更鼓茶藝館舉行，由王志塾和我主持，發言者暨代表詩社除王志塾代表新陸現代詩誌社社長外，尚有田運良（風雲際

會詩畫頁主編)、黃秋文(與會學生)、噴泉(心臟詩社社長)、梁隆鑫
(海風詩社社長)、歐團圓(風燈詩刊主編)、江淑敏(風間詩刊主編)、
洛夫(創世紀詩刊總編輯)、向明(藍星詩刊主編)、白萩(笠詩刊主編)、
陳樹信(新陸現代詩誌社副社長)(按發言序),集合臺灣現代詩社人群,
能有如此眾多詩社社長、主編,且是老中青三代聚集在一起,討論後
現代狀況下詩刊所扮演的角色、面對90年代詩刊如何營運維持、詩刊
與詩人所面臨的問題解決之道,洛老那一次慎重出席亦令我難忘。我
因為主編詩誌刊物而與洛老結緣更深,我記得其中有一次我和徐望雲
去他臺北舊家小坐,乾媽煮了甜酒釀給我們吃,這是我第一次吃到這
種食物。我當然之後也受邀加入了由洛老、張默、瘂弦所創辦的創世
紀詩社,承續了他們對詩的狂熱追求及探索精神。

二、最後的簽名

　　我埋頭苦幹寫稿,幾近天亮方睡著,由於星期一學校無課,近中
午醒轉起來,昏昏還想睡的順手開了手機,一開始 messenger 就彈出了
望雲從加拿大所發出的訊息,並且僅有一個:「啊!」字和驚嘆號,
我往下再看一眼,往網址標題游移,竟是令人難以置信的事,洛老走
了!胸口開始灼痛不已,好不容易整理心情跟向明、朵思2位前輩談
了一下電話,然後跟莫凡、乾媽致意,拿起電話尚未開始講就抖哭起
來,說了一下話,乾媽其它電話進來,掛電話之前,竟然是堅強的頻
頻交待我:你不要太傷心難過哦!唉,我怎能不傷心呢?如何相信這

事實？就在本月 3 日飛頁書房洛老《昨日之蛇》新書發表會那晚，近
七點三十分發表會正式開始之前，首先就看到了氣喘不過氣來由乾媽
一旁隨伴舉步維艱的洛老，一坐下即刻由乾媽取出隨身攜帶的氧氣筒，
讓他用力吸了好幾下，稍緩坐定後，發表會開始，先由遠景出版社葉
麗晴小姐致詞，她讓在座每位來賓介紹自己並跟洛老夫妻問好，先前
我受洛老之邀為本書畫插畫，我的畫風大抵以超現實風格表現，洛老
甚為喜歡，發表會我受邀上臺致詞，俟我上臺講話，他身體仍不舒服，
又開始吸氧氣筒，我在上面見狀已無心講話，勉強說完。俟他講話時，
洛老取出預先寫好的手稿，在忍受身體痛苦中竟也綻開笑容，一說到
詩，他的聲音抖顫，卻也看得出他的開心，講完後，還幫忙長長排隊
的鐵粉一本一本親自簽書。那晚，我跟朵思一看到他的狀況，因此，
不約而同要乾媽取消隔天的餐聚，但隔天龍翔園的午餐聚會，洛老乾
媽還是出席了，洛老除了氣虛而弱，卻也開心的跟老友們聊天，但吃
得不多，他說已經連續兩天未能夜裡睡好覺，咳嗽不已，呼吸有時喘
不過氣來，我長期是氣喘老病號，我知道那種苦，我建議他早點回去
午睡補眠，他還回說中午睡得比較好，特別有乾媽他喻為「愛的旋律」
之頭部按摩，他較容易入睡。是時，朵思也幫忙洛老按壓頭部，舒緩
他的不舒服！我當日因下午 2 點已安排了中華攝影教育學會在爵士攝
影藝廊任「藝言堂」的主持人，不克如往昔送他回家。怎料到那天四
維路、仁愛路圓環的分手之後竟成永別！我記得就在餐敘那天之前，
我在電腦室整理書畫舊收藏，不意從中掉出一張「詩魔」洛夫書藝展
的紅色海報，那是 2001 年 10 月 10 日至 11 月 9 日在新竹科學園區霍克

藝術新竹館展出的海報，紅色反白字是我長久以來喜歡的顏色，出門前，我特別帶出好讓洛老簽字，洛老很意外驚喜我還留存著這張海報，並甚為高興的在其印刷海報簽字右邊看了看，並說：我給你簽一個較不一樣的，而後簽下「洛夫」二字，我甚喜他這個簽名，十分飄逸帶著自在的藝術性，簽完名後我喜孜孜拉起海報和他合照，竟也沒料到這一連拍了 2 張手機檔案的照片，竟成了我與他此生最後合影。

三、一則傳奇，風中傳誦

　　贈友人詩或文人之間酬和詩或同名詩的書寫，其實並好寫，有其一定的難度。我第一首寫給洛老的贈詩：〈因為 SARS 的緣故─記「洛夫禪詩書藝展」〉，寫於臺灣非典型病毒 SARS 蔓延的那年，當日我們每位洛夫的朋友均戴著口罩，如期在畫廊參加因 SARS 之故，不克搭機返台參加開幕的「洛夫禪詩書藝展」，隔著視屏觀看遠在溫哥華洛夫的致詞，令人難忘。我當日即刻有詩，我寫著：「因為風的緣故^{（註）}/詩人筆鋒暗藏的天機/風中破題入禪/無論石室晦澀、隱題費猜、禪來禪去/皆裱褙為一則傳奇，風中傳誦/提得起也放得下，毫尖按捺皆自如/筆沫橫飛，飛白處留的也無非/那麼一點點禪意，既入世又出世/既隱微又富超級殺傷力/留給近距離，封鎖線以內/看的當下立即感染，無限蔓延/因為 SARS 的緣故/一場主人不在場的書法展如期舉行/當意象預見瘟疫/非典型的詩意在城市擴張流竄/無法立即禪定/人人噤聲，可詩人閉嘴凝神/北美遙遙相望，情感火速加溫/思考淨空，以詩

言禪抵抗隔離／吐納調勻之際，欲言又止」詩中一開始，首句即借用洛夫著名詩題「因為風的緣故」導入破題開始。

這首詩在去年 3 月 12 日，為我留下一段極其深刻的回憶。早上我例行去臺安醫院複診後，我為其詩集《昨日之蛇》所繪的七張動物插畫親送至其府上，並隨身攜帶著我敦請我校同事書畫藝術學系篆刻名家阮常耀為其刻「大美不言」（莊子：天地有大美而不言）之方章，原先他委託我找人刻的雞血石阮教授無法入刀，另找一塊近玫瑰色粉嫩、較軟的壽山石雕刻，石材由阮教授贈送，潤格費由我支付，這是我送他的禮物，其上有落我及阮教授款，當日他高興收下，並拿出數塊珍藏的章要我鑑定比較，也回贈我一幅字，當日中午莫凡親做牛肉麵，我陪他們在家裡一起用餐。餐後喝茶，他又搬出數十件朋友贈送的玉石、翡翠及各種禮物要我鑑定，我長期玩骨董，也研究些玉石，當日就其收藏把玩鑑賞分類，雙老開心至極。

然而不久，洛老還是回到詩的正題，他拿出剛寫就之手稿，給我看那首〈那年代·鄉愁與銅像〉（後刊登於2017年7月14日 聯合報副刊）「那年代／我們以火的手指翻閱日曆／歲月，有時滄，有時桑／有時驚，有時愕／有時烽煙，有時廢墟／有時我在，有時虛無裡面還是虛無……那年代，／當我穿過那粗礪的玻璃／帶著一身血跡和碎片走了出來／當砲彈哭著呼嘯而來／我一心只想／以冷冷的詩句堵住它的煞氣／果然，死神落荒而逃／砲彈完成了一段絢麗而驚險的旅程／之後是噤聲／之後是被馴服成一把把菜刀／詩神笑了，笑得像／野薔薇四處爆炸／笑得有些苦澀，有些異鄉人的荒寒／只是，那年代／教人唯一讀不懂的／是島

上全身發綠的銅像」一開始幾行「那年代／我們以火的手指翻閱日曆／歲月，有時滄，有時桑／有時驚，有時愕／有時烽煙，有時廢墟……」就完全讓我這從金門來的遊子全身上下感動不已，其語言之活潑、內容之深沉都讓我讚嘆！再讀到他的後記：「這裡面有 1949 年代我和他們失聲的歷史，流放，沉鬱，與揮之不去的茫然與孤獨，有金門的石洞，有大量的日後改製成菜刀的砲彈殼。我乍然從這些負面記憶中醒來，才發現歷史原是由諸多傷痕寫成。」更讓人十分佩服。

　　及後，我跟洛老說，我要朗誦他曾為我寫序文《歲月彩筆》詩集內收的此首〈因為 SARS 的緣故〉贈詩給他聽，他十分的開心，那天除了乾媽，無其他文友，就只有我一人陪他，我唸著：「那麼一點點禪意，既入世又出世／既隱微又富超級殺傷力／留給近距離，封鎖線以內／看的當下立即感染，無限蔓延」即寫他詩中展現的藝術張力和影響力，我特別強調洛老的入世和出世，詩非打高空還是來自於人性、生活，洛老頻頻點頭，洛老當然讀得懂我寫的，更同意我對他的解讀觀點。但我再引我詩中另寫的數行：「詩人筆鋒暗藏的天機／風中破題入禪／無論石室晦澀、隱題費猜、禪來禪去／皆裱褙為一則傳奇，風中傳誦」跟他說，天機二字太重要了，我說洛老您真是自得天趣，筆鋒暗藏的天機太令人佩服了！老人家何止開心，又順口說了他經常跟我們好友說的話：「跟對的人在一起吃飯、跟對的朋友談詩、談心，都是最愉快的事！」我幾年前也曾敦請福師大校友李永新老師為其刻「水墨微笑」一方章，我非常喜歡這四字，水墨如何微笑，是語言組合之張力，亦有其不可說的天趣。

與洛老的對話彷彿昨日之事，他對我說的話語，猶如風中灌耳，亦清晰如昨。但「無論石室晦澀、隱題費猜、禪來禪去／皆裱褙為一則傳奇，風中傳誦」我對他寫的評論他已無能閱讀到，但他讀到我寫給他的〈因為 SARS 的緣故〉聽到我低嗓的朗誦，他已感受到我對他的崇敬之心始終沒有位移過，而我多麼有福氣，跟他有那麼多快樂的哲思對話、詩心相遇時光。

四、美麗與荒涼

2015 年 12 月 14 日那天的餐聚十分酒酣耳熱，朋友們唱著古月（胡玉衡）寫的詞、陳揚作曲、王海玲主唱：〈我心似清泉〉的老民歌。「讓我擁抱這片溫暖陽光／好像擁抱燦爛的新希望／當我越過千山涉過萬重水／為理想走他鄉／當我呼吸春花吐蕊芬芳／望嶽看雲聽生命在迴響／朋友當你輕輕握著我的手／我心似清泉向上流　有誰能告訴我　一樣彤日白雲／卻是兩種情懷感傷／回顧舊園暮色　在黑暗歲月裡／誰能喚醒故國愁……」時洛老與乾媽雙手交叉倚著桌沿，那天有著正在我校訪學的曾淑雯師母及其他文友等 24 位，真是圓滿一大桌啊！開心之際，不知為何，乾媽竟然拿著平板中洛老的〈晚景〉一詩要我朗誦，還問我讀過沒有，讀一遍給大家聽聽！

我拿起洛老的平板，對著儲存的詩句一字一字唸著：「老，是一種境界／無聲，無色，無些些雜質天空的星光不再沸騰／不再知道／雲／何時會從胸中升起／那種不可言說的純粹……」唸到第二段「老，是

一道門／將關而未閉／望進去，無人知曉有多深／有多黑／卡夫卡的傷口那麼黑？／無人知曉／我試著從門縫窺探／似乎看到自己的背影／在看不見的風中／一閃而逝」（聯合報電子報，2015 年 8 月 13 日 第 4250 期）此詩我已讀了數遍，每次都情不自禁掉淚，太揪心了！但這晚我朗讀每一個字都不曾打結！乾媽問：「你有沒有哭？」頓時我哽咽了的話積壓胸口，直到隔晨獨自一人在電腦桌前，看著手機照片及聽著自己朗誦的錄音，竟然眼淚潰堤良久不止！想到昨晚洛老所說的話：「我這一生都在詩意活著，也只有美麗與荒涼而已。」2015 年 12 月我在金門沙美以藝術家身分駐村，期間正巧孤寂寫下最新的長詩《荒蕪之歌－2015 年深秋在沙美小鎮》，我對荒蕪一詞有極深的感悟。洛老的〈晚景〉一詩還有「美麗與荒涼」之說讓我動容而流淚！他這晚年的詩已非禪非使用魔性的語言了，實則也更接近人性底層，完整的鋪陳，卻突如其來如間隙一般，猝不及防給予了讀者最大刺點。他為我的〈紋身〉以毛筆手抄書寫及心經贈予，是我此生最為高貴的典藏！ 而此刻，尚為喧鬧的城市一角，當我一想到他的話語便不自覺感到荒涼起來。

五、愛護年輕羽毛

去年 1 月 24 日晚間朵思在喜來登飯店包廂，請洛老等老友吃百匯自助餐，容瑄於飯局快結束前從內湖趕來與我會合準備一起回家，這晚他第一次與洛夫爺爺奶奶見面，顯得有些靦腆。洛老問到他也唸英文學系時很開心，並問詢了他手上正在閱讀的英文童話書，極為關心

他，並留下：「生命的價值不能以時間的長短來衡量。只要心中有詩有愛，瞬間即是永恆。題贈張容瑄同學。」這一晚兒子見了洛老之後，竟寫下生平第一首詩，27 日在家裡他秀出寫給洛老的詩：〈羽毛─致洛夫爺爺〉，1 月 30 日初三方明兄陪著洛老夫婦踏青，洛老跟他讚美容瑄詩寫得極好，其實洛老也傳給我微信，我 28 日將容瑄寫的詩傳給他看，我在洛老微信中留言：「洛夫老師，這是我兒子 24 日晚間在喜來登飯店見過您後，他非常感動，寫了這首詩獻給您，當新春賀禮，希望您會喜歡！」洛老當下即傳：「向你拜年，祝新春大吉大利，萬事如意。想不到容瑄的詩有如此水平，可喜可賀，希望在你的培養與鼓勵之下，定能更上層樓。代我謝謝他。洛老」下面另一條則寫著：「只是第三節『語言似樂高般』……『樂高般』三字何意？我答以：「『樂高』是一種小孩組裝的玩具，用一些固定造型，可以組合不同理想造型，類似我們講的積木遊戲，他的意思應有築砌器理想的味道吧！」、「容瑄留有湖南和金門血脈，他應該以您為心中大詩人學習！我也是第一次看到他寫的詩！他很文靜內向，我從沒想到他連以前您翻譯的書他都知道，他從理科轉到文科，想必是身上無法阻止的文學血脈之流淌！謝謝洛老的鼓勵！」洛老對晚輩的提攜及長者風範令人感佩！

六、無處不詩

　　是一首寫於一個多月前的筆記手稿詩，我命名為〈呼之欲出的詩意─致洛夫〉：「聯想比喻無所不在的立春 / 詩人相約 / 多麼細微豐盛

的午餐／江浙菜加少少湖南辣味／又不失本土鮮味／席桌空蕩少人餐廳一角／你譬為：何其荒涼／傾斜造形的菜盤端出你呼為：地震／但多愁善感叫詩人／亦魔亦神亦人性的詩人啊／你名為典範／你詩無所不在／這個世界／還有甚麼不能被你隱喻象徵？／除了你呼不住的歲月／即將夕幕的晚年？」詩註為：「2018年2月9日春節年前，向明夫婦、朵思、我及我兒容瑄在信義路5段10號鄰近莊敬路一家餐廳，我們與洛老夫婦餐聚，洛老詩意處處、聯想力豐富令人深刻難忘，受其感動，回家我信手寫了此詩，正待相約請他指正，卻不料此刻已無法親自朗讀給他聽了，今日再次讀此詩，不禁淚湧而出。2018年3月19日補記。」這一天因著洛老的一些妙語，我回來寫就此詩，寫了2個版本，正等著一天請他指正何者為佳，但此詩包括19日中午寫的〈陪你走一趟回家的路〉之敬悼洛老的詩，也無法如往日在他家裡朗誦給他聽了。

　　鍾雲如3月20日line我說：「我辦鍾山的時候，他送我的字，寫著『雲來萬嶺動』但印章蓋的是『莫名其妙』。覺得洛老真是幽默。紙都泛黃了，都是陳年舊事。」我從她拍來的圖片，看了看，覺得鍾雲如這份墨寶很重要，這字體跟他後期寫的不太一樣，似乎是洛老早期學書法寫的。雲如並回憶說：「還記得有一次在永福樓大家一起吃飯，他們從加拿大回臺。服務生在我們面前切烤鴨，不知怎麼回事兒，烤鴨滑出去掉地上，洛夫隨口說：煮熟的鴨子飛了！說話有趣，讓人印象深刻。」對事物反應靈敏、機智，隨時有聯想，應是他詩作保持長青所在。但即使如此，由於年輕時離鄉漂泊從軍，從50、60年代接受現代主義、存在主義、超現實主義較為灰色地帶的薰陶，至其一生，

以其多感之性格，皆無時不刻在各種事物、事件發生的當下，見到其荒涼的本質並品味某種孤寂時刻。

這天的飯局後面，我們喝茶聊天，向明還跟洛老提出依循著我們之前七絃諸位詩友合出的 4 冊《食餘飲後集》出版模式，邀請他跟我們一起合書出版。此計劃洛老除了一口答應，還唸唸說最近缺乏新作，乾媽反而說：你聯合報發表那幾首即可。我們原來是「七絃諸君」而他更直呼說是「詩八仙」的合集了。我與向明、朵思及七絃諸位詩友正計劃最近與他一聚，敲定合輯出版事宜，並即刻進行文稿收齊，但此事已成絕響。

最近幾天我個人正在進行書寫《新陸現代詩誌》的主編歷程，翻到 1990 年我們新陸同仁為他舉辦的「洛夫詩風格再審視」專輯，看到詩誌內照片附圖－他那麼圓潤的笑容，讓我有了更多記憶。今日又再一次翻出，不斷端詳他的面容，我心想我要永遠藏住他那曾經擁有的豐潤，我在臉書不忍發出的數張照片即今是我拍他的最後身影，都是有笑容的！因為，他是勇者，他能真實面對人生的「晚景」而有詩不斷，正服膺他自己所建立的理念：以詩抵抗通俗，以詩抵抗脆弱人生。他的無處不詩、無時不詩，而又能創新的精神正是他巍峨不朽之所在。

七、陪洛老走一趟回家的路

我從來沒有像 3 月 19 日這天寫詩寫得這麼急促過，我一直相信詩應該都是沉澱後的語言結晶，情感更需內斂含蓄，不能流於過度直白。

可是我也相信情感真摯帶出來的感動。

　　「不就是眼前的事嗎／推著輪椅陪著您／慢慢走回家／路過台北101 世貿站 3 號出口／路過籃球場、四四南村／才彷彿左右攙扶上下五樓梯口／一階一階抬起，沉重貼穩／入門坐下，脫鞋／安置一顆急喘終於落定的心／走過風雲年代大江南北／累了的雙腳／回到莊敬路臺灣一角的家」往昔每次和洛老乾媽聚會，都要陪他們回家，這一兩年洛老多了手杖和輪椅，2 月 9 日這天餐後陪雙老回家，推著輪椅穿過信義路 5 段巷內，經過公民會館（四四南村）回到莊敬路的家，安置完才發現洛老的手杖留在餐廳，便立即返回去拿再回莫府歸還，來來回回，原來那幾天我還穿著護身鐵衣的腰疾，竟也因一跑而恢復了健步如飛。洛老人好，我又何其有幸能一次次扶著他、推著輪椅陪他。可 19 日這天我再也無法陪他走一趟回家的路了。詩繼續急促往下寫著：「今天您走得這麼快，讓我無法相信／此刻，我承認金剛般若波羅蜜經／儘管句讀，已對我無效／我無法不取於相，如如不動／一顆無法止住悲傷的心／仍執相紀念、回憶您」「都交代要安安靜靜的精密檢查／不准任何人的打擾／安安靜靜做個有詩的夢境／詎料走得這麼快／難道已脫離這沉重人世身軀／輕快升格成仙去了／走得這麼快／像你的詩一樣／亦魔亦禪亦人性」「我不捨，你不要走得那麼快／寧願推著輪椅／再慢慢陪您走一趟回家的路」詩寫成了，我心裡才有一顆安定的心。19 號是日晚上，在臉書疾筆書寫心境：最近我正在編輯的一本《紋身》個人詩集，我將再次收入他此生唯一幫我寫的書序〈讓詩回到最初〉，作為最珍貴的紀念！

　　我與洛老交往逾 30 餘年，最初都以前輩或老師稱之，後來洛老說叫他洛老就好，乾媽還常以「洛夫老哥」在我們面前稱他。我與乾媽同為金門人，內人與洛老為湖南人，因為這樣，有時有種難以言喻特

別的親切感！我記得我在開始讀詩的 16 歲，他的《石室之死亡》語言
方式竟然是我學習的對象，為了瞭解「超現實主義」我在高一時就拼
命在金門日報副刊寫文章賺稿費，後來託國文老師幫忙在臺灣買了本
大陸書店翻譯本的《超現實主義》，書裡面談的當然是繪畫中的超現
實，但超現實主義原來就是從詩歌到視覺藝術的，洛老的詩作無疑的
促動了我對現代主義有更多的探索，他在我心中地位非僅崇高且一直
沒有位移過。

　　我永遠記得他跟我們好友說的話：「跟對的朋友談詩、談心都是
最愉快的事！」洛老！這篇〈無以命名的紀念文－懷念洛老〉 就當作
我們的談心好嗎？寫完我已淚湧而出，我真的好想您！

2018 年 4 月 3 日清明前脫稿
刊於《金門文藝》 春季號第 65 期

2011 年 10 月，洛夫陳瓊芳伉儷金婚之慶，在台北福華飯店

遷徙、望遠、馳騁與放牧新陸版圖
─細說主編《新陸現代詩誌》的歲月履痕（1988-1991）

一、遷徙

1988 年我曾把一段最可貴的初心和青春交付了《新陸現代詩誌》主編的歲月，整個心靈狀態與現實工作，從視覺藝術領域遷徙到詩創作及詩誌主編，這樣的日子盤據了數年之久。與其說交給新陸，不如說，是交給了臺灣詩壇、交給了繆思理想的國度。

鐘明德先生 1988 年 10 月號《藝術家》雜誌發表文章〈您真的喜歡現代藝術麼？－從三則聯考試題說起〉訴及：「『前衛藝術』不期望現代人的瞭解，現代人久而久之也習慣於他們自個兒在『藝術界』（art world）自生自滅了。……現代藝術家一直是『少數民族』，居住在現代社會的『文化保留區』裡頭。」相對於詩壇，似乎也遽然呈現此一狀況了。對於大眾而言，藝術家所判為的「界外」人士，他們疲於為現實奔波維生，無暇理會「前衛藝術」究竟為啥，同樣的晦澀難懂或實驗或拼貼、組合、解構的後現代詩也成為可有可無的寄託或消遣。

1980 年至 1990 年是臺灣舊詩社、詩刊呈現疲乏極待新血輸入的轉型期，卻也是新世代詩刊爭相林立、出櫃上市的年代，或有所謂大植物園主義、後現代主義在臺灣張揚的年代。八０年代末期，此間新生代加入詩的行列，反而有逐漸遽增的情況，詩刊的市場雖未獲勃興，打

入「界外」人士閱讀的基層範圍內，然而新世代的詩人群聚、詩社躍動，四處竄起成立，詩刊、詩集的出版卻有如雨後春筍般湧現，展現了植物園百花齊開的盛景。從八Ｏ年代諸多年輕詩人出將入相不斷在臺灣詩劇場演繹著詩的容顏和身段。那時候，多數寫詩的年輕詩人不乏加入多個詩社以棲身，或兼容為新舊不同詩社的成員。1987、88 年我先後榮獲了第七、八屆全國學生文學獎大專新詩組佳作和首獎，也許因為這個緣故而受邀加入了「葡萄園詩社」和「曼陀羅詩社」。那時候在一些詩社場合常會碰到或年長或年幼於自己的同儕，在詩追求更甚於自己瘋狂、熾熱的詩人，王志堃、李渡愁、田運良、楊維晨……等人即是，他們自己掏錢結合少數夥伴辦詩刊，自編自印自發行。

　　從 70 年代「狂飆的年代」走到 80 年代「理想繼續燃燒」[註]，本質上受到那個年代精神氛圍感染的我，及至碰到一群同好，便迅即彙成一股力量，共同投入詩建設的隊伍。對我個人而言，「新陸」二字其實是一個載體，王志堃創辦人則是點火者，然而或許本質上是那個時代的氛圍在召喚著我們青春的詩魂，導引走向詩的新陸地亦未可知。

　　「新陸」作為臺灣現代詩發展長河中一塊小版圖，就 80 年代後期詩刊出版而言，相對小，創刊之前是薄薄的《詩耕草圖》詩頁，1987年 (民國 76 年)3 月 29 日創刊第一期，卻以春季號掌中袖珍型出現於臺灣詩壇，發起成員之一的毛襲加估計是要以列車上能隨時閱讀為考量而設計此版型，而其所編輯的《新陸詩刊》確實是小而迷你，但它的口袋型樣式編排及其姐姐所畫的插圖確實是讓詩友過目難忘，我的詩即在首期發表，我對它珍愛有加，主因當時我也是美術學系的學生。

但由於小難於發揮詩學理論探討之影響力量，及至 1988 年 (民國 77 年)
新陸原始成員解散，改組後由我主編的《新陸現代詩誌》統一改為 25
開本版型，編了四期之後，由楊平詩友接續編輯，就其以詩社力量整
合臺灣新世代及兩岸四地詩群所彙集的交流能量，或詩刊詩誌內始終
「文以載詩、載論、載譯」並著重刊物整體視覺設計而能獨樹一格的
詩雜誌，在彼時的時空中是鮮明的，30 多年後今天的回顧，在我內心
始終堅信：做為八０年代臺灣現代詩發展中崛起的詩社－新陸現代詩誌
社，其存在過的隱形影響力，是不該被遺忘或低估的。

二、望遠

　　我與志堃民國 75 年 2 月 7 日於中山堂初次見面，與襲加通信了一、
兩年，襲加剛開始邀我去參加他們的詩稿會審，面對幾位二十剛出頭
的年輕人，與我三十而立的年歲相較，我還是覺得頂有代溝和尷尬的。
民國 77 年 6 月 18 日詩人節新生代 (新陸、地平線、曼陀羅) 三詩社主
辦的聯誼會松江路活動中心會場上，我再度遇上志堃，當日卻受邀加
入曼陀羅詩社，同年 7 月 31 日在曼陀羅第五期審稿會議上，面臨已編
了四集《新陸詩刊》詩社即將解散的窘境，志堃的熱情很快感染了我，
是日我與志堃、明興在臺北市教師會館正式商談新陸改組重新出發的
計劃，我們三人初步構想，各自分別邀約一些人選加入，志堃任社長、
明興策劃，我任刊物主編，並即刻去除第四期刊物上所掛的「曼陀羅
分會」之不當。除此，並重新組社或改組出發，但為感念志堃創社之

辛苦，決定保留「新陸」之名以延續其創刊初衷，然刊物以全新的編輯立場及方向出發，易名為《新陸現代詩誌》，並加革新版為註。在志堃、明興和我積極拉攏下，新的社員有了全新的組合：年輕的陳文成、紀小樣、張家禎、李豫、彭仁鉅，稍稍年長的我、黃恆秋、李渡愁、蔡富灃、徐望雲、田運良等，當時除了我與恆秋之外，餘年齡皆不超出 30 來歲以外，這些成員更除了志堃外，無一是原新陸起初的成員，從某個角度來看新陸現代詩誌社已是另一個全新的詩社，從此「新陸」不斷加入新社員如：朱少甫、楊平、陳樹信、張清柏、白家華、江芇、牧霏、林順信、唐心田、陳佾、潘榮飲、藍玉湖、江淑敏、黃福森、黃秋文、陳素金、劉智惠、劉釋眠、鄧宇雲等，短短一、兩年之際，瞬即擴張之勢皆證明了新陸現代詩誌編輯內容及活動精采可期的超高吸引力。

　　《新陸現代詩誌》革新版第五期於民國 77 年 12 月正式出刊，78 年 2 月 26 日於隨緣茶藝館舉行正式發表會。該期黃恆秋在《新陸現代詩誌》革新版第五期以（繁花與盛果—新陸改組緒言）統整了彼時改組 12 位同仁的共識，彷彿一份宣言出現。「一九八六年對『新陸』來說，代表著一個詩生命的受孕與誕生，我們命名為『新陸』，一方面取詩之新大陸的含意，另一方面也企盼所有愛詩寫詩的心靈，登臨我們這塊土地，繼續李白杜甫的夢靨。」

　　最初「新陸」搭配插畫以掌上型的結構出發，主動向各文學報刊交流，抒發年輕的心情和抱負，理想與現實的磨合下，新陸終究面臨轉型的考驗。

一九八八年末的改組，揭示了第二階段的前進方向。

1. 要深具使命感：吸收對現代詩創作或研究具有相同認知的朋友，加入相依相扶的行列，共同積蓄文化的資產及文學人生。

2. 追尋詩與刊物的精緻化走向。以專業人員投入詩刊雜誌的設計，促使詩藝術性的存在。

3. 為了建立完整與多層面參與的詩壇倫理，持續以專案企劃介紹詩壇人物，就其詩觀、創作趨向、詩作品等做討論，也計劃全系列推介各大專文藝社團的動向。以及推動詩文學的單位或活動內容，讓關懷詩的動作擴大，讓詩壇的點點滴滴不再被有限的傳播媒體所埋沒、同時也考慮賦予每位同仁專題研究的責任，兼顧創作與評論，逐期在本刊發表其心得與成果。

4. 積極結合全世界華文體系的運作、從事現代詩的整理和流通。在號稱「詩的民族」我們的手裡，把「結合全世界華文體系」的理想，作為展示自我實力的重要指標，更代表我們責無旁貸的胸襟和職志。

依著上述幾項觀點和做法，觀點與做法，新陸確實有所作為的實踐，並增進了詩文學在臺灣這片土地上所累積的繁花與聖果。

三、馳騁與放牧

《新陸現代詩誌》革新版第五期於民國77年12月正式出刊，是以同仁詩頁展出為型態出發的，同時加入了手記、譯詩、訪問、評論及社外詩頁，加上詩訊所構成。精美的視覺設計及印刷，出版後受到

廣大迴響，海內外詩稿及評論如潮湧進，除了社外詩頁的篇幅增多，我們更增加了海外詩展的專題以及校園的專輯，如首推臺大詩社詩展。

極短時間內我們海外代表遍及各地，例如香港的傅天虹、新加坡的董農政、馬來西亞的陳政欣，澳大利亞的鬕射年、美國的嚴力、加拿大的盧因，然而這只是詩人相濡以沫的交往，我們除了就投稿詩作的水平詩質擇優發表外，更著重詩史發展的建構及學術的論辯、思考，徐望雲、陳樹信、莫渝的譯詩及評論、胡仲權及我個人對當代詩、臺灣詩壇發展的現況都有深層的論述。邁入 1990 我們更策劃了一項回顧專號：現代詩發展的省思。在此期的內容上，我們發揮了做為民間詩刊社團極大的能量，策劃了新陸現代詩學講座系列之一「洛夫詩風格再審視」研討會及專集，於 1989 年 11 月 19 日假臺北市耕莘文教院四樓舉行，由徐望雲主持，邀請陳樹信、李瑞騰、孟樊、洛夫親自主講，除了座談會的紀實逐字稿在詩誌內呈現、更有潘亞暾、劉湛秋的專論。新陸現代詩學講座系列之二「回顧八０年代詩壇展望九０年代現代詩發展」1989 年 12 月 24 日同樣假臺北市耕莘文教院四樓舉行，由黃恆秋主持，主講者為白靈、李敏勇、莫渝、陳寧貴等，以座談會紀實呈現。另邀請楊光治、丁芒、劉湛秋、筆者以及陳樹信作回顧與展望之專題論述。更由於大量的詩稿促成了我們的編輯分類擴大，如：新舊同仁詩頁、臺灣詩頁、大陸詩頁、海外華文詩頁的分類格局，徐望雲更極力推廣現代詩的賞析，我主編的新陸四期或其後接任主編的楊平，新陸現代詩誌都以穩健的步伐前進，無論其間所策劃的學術研討會、交流活動或詩誌內所刊出的主題和詩人群詩作，都擴大臺灣詩壇的視野

端點，產生了精彩的百花齊放面貌、大鳴大放的格局，深具影響力。

　　《新陸現代詩誌》總號第八期第 8 頁至第 61 頁作為王志堃紀念專輯，此外並刊登：新陸現代詩學講座系列之三「西洋文學理論對中國現代詩的影響」於 1990 年 1 月 21 日假臺北市耕莘文教院四樓舉行，由陳樹信主持，莫渝、廖咸浩主講 (按發言序) 之全紀錄。以及新陸現代詩學講座系列之四「後現代夾縫中的詩刊－座談會紀實」於 1990 年 2 月 11 日年假臺北市五更鼓茶藝館舉行，由王志堃和我主持，發言者暨代表詩社除王志堃代表新陸現代詩誌社社長外，尚有田運良 (風雲際會詩畫頁主編)、黃秋文 (與會學生)、噴泉 (心臟詩社社長)、梁隆鑫 (海風詩社社長)、歐團圓 (風燈詩刊主編)、江淑敏 (風間詩刊主編)、洛夫 (創世紀詩刊總編輯)、向明 (藍星詩刊主編)、白萩 (笠詩刊主編)、陳樹信 (新陸現代詩誌社副社長)(按發言序)，放眼臺灣現代詩社人群，能有如此眾多詩社社長、主編，且是老中青三代聚集在一起，討論後現代狀況下詩刊所扮演的角色、面對 90 年代詩刊如何營運維持、詩刊與詩人所面臨的問題解決之道，此一盛況恐難出現，而新陸之所以能掌握其中態勢，大概是我們的努力與誠意都讓詩壇人士看到了。

　　新陸現代詩誌社之所以強化詩學論述的建構，其理由正如彼時在改組後我首編《新陸現代詩誌》革新版第五期編後語〈心手相連－邁向更美好的詩年代〉所言，我曾以臺灣的前衛藝術發展現狀同來引證臺灣現代詩的窘狀或普遍存在事實：「前衛藝術，現代主義或『現代詩』在臺灣多元化之發展下也有一段頗長時日了，曾經以晦澀難解和不近人情來驚世駭俗，或甚至譁眾取寵，在與傳統、鄉土、寫實、明朗、

政治詩……等抗爭一段時期，所有爭議性的筆戰，都已經平息了，有
關現代藝術或現代詩，更多樣諸種現況發展，訴之於文字，已然不多
見。」（張國治，1989）這段文字恰恰說明 80 年代末期臺灣現代詩發
展論述稍稍疲乏的現況。一本薄弱的詩創作合集，僅在開數版本，或
在編排設計求變化，而無法對詩學內容求更多的整理，似乎構成了此
間所有新生代詩刊千篇一律的風貌，新陸一直深切期待批評時代的來
臨，希望有更多專業的文學評論家出現。現代回顧起來，此種前瞻性，
恰恰帶動了新陸同仁向臺灣詩學研究版圖的移居耕耘，30 年後的今天，
在詩學上繼續做專題研究暨評論有徐望雲、陳樹信、田運良、陳文成、
劉釋眠、蔡富灃及筆者本人。此外持續詩創作的除上述幾位評論研究
者亦兼詩創作之外，尚有紀小樣、朱少甫、白家華及其楊平接編後湧
進的新生代詩人不計其數。

四、夕暮之雲

　　王志堃於 1990 年 3 月 22 日過世後，4 月 22 日本社假「在室男文
化咖啡閣」召開會議，由我本人主持，會中商討有關詩刊存廢及發行、
編組等事項，並選舉徐望雲、陳樹信為正、副社長，我仍執掌編務。
我和望雲分別報告志堃逝世前後社務概況。以及籌編志堃詩集進行經
過，並分別企劃為志堃舉行發表紀念會。其詩集《孤寂記事》，1990
年由臺北圓神出版社出版，前有蓉子〈突然中止的詩訊〉、徐望雲〈愛，
在孤寂中發光〉兩序，後收錄張國治懷念文字〈在年輕的歲月裡，你

是一支小小的燭火〉，全書共分五卷。封面設計由張國治設計，於 7
月 29 日假「時報廣場中華館」舉行新書發表會，暨劉釋眠先生論文〈解
構主義之後現代的潛意識語碼〉發表會，並邀《文訊月刊》總編輯李
瑞騰、莫渝詩人、《孤寂記事》責任編輯王寶珠小姐列席座談講評。
其後社務重要活動尚有 1990 年 8 月 21 日於臺灣時報刊出《新陸現代詩
社詩展》，除由張國治撰述展出序言，共收同仁詩作十首。而由我詩
誌社主辦、誠品藝文空間協辦的：新陸現代詩學講座系列之六「在詩
空裏停格的流星－談中西文學史上的早逝詩人」於 1990 年 9 月 9 日假
臺北市誠品藝文空間舉行，第一場為「詩就在你左右」和「從以行動
寫詩的拜倫說起」，主講人為林明德和陳樹信，主持人為牧霏，第二
場為「從徐志摩、楊喚說起」，主講人為林煥彰、陳素金，主持人為
徐望雲，節目中並穿插趙天福表演。原定三天的系列活動因為颱風的
影響而臨時濃縮一天舉行，參與詩友計 60 餘人。早於同年由誠品藝文
空間暨杜十三、莊普、林燿德、白靈策劃小組，於 9 月 15 日至 30 日舉
行的詩與新環境－展演系列，亦早於 1992 年 8 月 7 日「詩的星期五」
活動之舉辦將近 2 年，成為全臺灣民間社團於誠品書店舉辦藝文活動
的先驅，具有劃時代的意義。

　　我在民國 1991 年 2 月 25 日編完總號第八期出刊後不久，因個人計
劃出國深造而辭去從來就是志工事業的主編職務，往事亦堪回首亦無
意回首，全憑當年辛苦的一筆一劃手寫和委託打字行辛苦植入紀錄而
建立此文本。歲月漸老，更特別懷念當年因緣聚會參與新陸詩誌社所
有的同仁及詩友，新陸詩誌社是否只是個頓號而非句號？或亦未可知。

寫於 2018 年 3 月
刊於《文訊》雜誌 2018 年 5 月號第 391 期

註：「狂飆的年代」、「理想繼續燃燒」皆為中國時報出版的文化專書名。

1988 年 12 月 31 日，「新陸」詩社在呆呆居茶藝社舉辦跨年聯
誼會。左起：蔡富灃、彭仁鉅、胡仲權、王志堃、張家禎、紀
小樣 (後)、徐望雲、(後)、及其友人、筱曉、張國治。

棲居在《創世紀》詩社的年歲裡

　　2014 年 8 月 2 日，臺北市濟南路 2 段「齊東詩舍」首部曲，由張默擔綱演講，會後張默邀請創世紀諸友人去仁愛路夏洛特咖啡店喝咖啡，這是創世紀詩社過往經常性的模式，張默從內湖風塵僕僕到臺北市來，從以前我就一直把張默幻化成詩仙從內湖山居入城來處理凡間事的，當然這些凡間事大部分是文學及詩的活動等，更大的要務就是《創世紀》詩社活動相關的策劃、《創世紀》詩雜誌的編務、校搞、郵寄等工作，有些是社員、兩岸四弟及海外詩人的送往迎來，故聚餐、喝咖啡之必要。我和張默在 2003-2005 年見面最密集，那幾年經常是星期一或星期當中的一個早晨，約在火車站館前路或鄰近街道的咖啡店見面，主要是討論《創世紀》詩雜誌彼時由我負責的「當代詩人顯像」特輯和封面設計的人選和校稿。

　　我是 1997 年加入《創世紀》詩社的。民國 66 年我因為主編《藝專青年》（藝專現升格為國立臺灣藝術大學）校園刊物，代表學校參加淡水復興文藝營，辛鬱老師當時就是帶隊老師，同期尚有筱曉、夏宇……等詩人。彼時張默也來上我們營隊的課。這是我初度與《創世紀》詩人的結緣開始。民國 77 年我與王志堃（已故）、田運良、李渡愁、紀小樣、徐望雲、黃恆秋、陳文成、蔡富澧……等詩友改組《新陸詩刊》為《新陸現代詩誌》並成為一全新詩社，民國 79 年我們作了新陸現代詩學講座系列其中，之一的就是：洛夫詩風格再審視，除座談會尚有

論述發表及洛夫詩近作同時刊登於詩誌。之後我與創世紀詩社愈發靠近。1993-1994 年我赴美讀碩士。期間最大的精神讀物是《創世紀》詩雜誌，支撐帶領我寫詩的靈魂詩人往往就是《創世紀》詩社這些前輩，因此於 1997 年在羅斯福路五更古茶藝館某一次詩社的聚會上，我就受邀正式加入了詩社。

2002 年 3 月我在《創世紀》詩雜誌 130 期開始發表了「當代詩人顯像」特輯（130 期內容為從彭邦楨到楊克 15 家），為國際、海外、大陸、臺灣當代詩人投影造像，捕捉詩人個性風采。2005 年《創世紀》詩雜誌創刊 50 周年特大號（140-141 期）後，我被納入為編輯群負責（藝術設計）之任務，2005 年 142 期開始專門負責《創世紀》詩雜誌的封面設計，以及卷前藝術特輯規劃和版面構成，這當中作過 2003 年 134 期《秦松藝術創作特展》、2004 年 138 期《巧克力和愛咖啡屋風采》、蔡國強金門碉堡藝術館專輯（2005 年 3 月 142 期）、張國治影像藝術（2005 年 6 月 143 期）等，普遍受到海內外詩人藝術家的好評，並時相為詩社同仁義務照相和設計詩集封面。且從 2009 年被安排任編委到今天。

這七、八年內，因投身於國立臺灣藝術大學的學系主任及研究所所長、文創處處長、推廣教育中心主任之學術或行政主管等工作，就無法兼顧詩社的編務或其它工作，看張默等諸前輩猶孜孜不倦於《創世紀》詩雜誌的編務工作，份外感動和佩服。我僅能偶爾催生幾首詩刊於其中。

寫於 2014 年 8 月 2 日．刊於 2014 年 10 月號《文訊》雜誌第 348 期

從荒涼臻美麗之境
──我與早期的《金門文藝》淵源及情懷

一、從《浯潮》第四期到《金門文藝》革新第一期

民國 66 年 11 月出版的金門旅台大專同學會刊《浯潮》第四期編後感言，作為總編輯的話，我是這樣寫的：

從一疋沙灘長寂等待航程起，到異鄉的客心漂泊，到返鄉的認定與審視，這一錯綜複雜心境，作為一個浯島人，我們守住這塊土地，曾經殷殷期待它能產生我們觀照得到的作品。

而同時我們發現那離鄉之後遭遇到許多問題，以及在這塊土地上、建築、繪畫、、民間藝術、史考，都有賴這一代積極去開拓，而這財產竟乏人去墾植，其實我們原先有意構想來這一方面主題、專欄一系列檢討，但事實上的許多困難，終於也只是一種懸想，我們沒做到的許多構想、原則，希望下期接棒人替我們完成。

一位中央大學女同學給浯潮這樣的來信：浯潮的成果卻必須是每一個人的責任，該有一個更用心、更有效率的機構來負責，它將做橫的集結和縱的延續，而每一個人在他那個橫面上的立足點上做最好的發揮，因為不管風向如何，浯島四周的浪潮是不變的，它永遠在訴說一個亙古的故事。

緊接浯潮之後，金門文藝革新號第一期作了大幅度的發展，即將

在台發行，我們在此披露這消息，我們並不汲汲求於豐碩成果，我們卻焦急求於更多的投入、關注與不斷的努力與耕耘。

　　民國 66 年 11 月的年尾，這一年我已經大三了，這之前我經常去泰山鄉貴子路 67 巷 32 弄 2 號黃克全的輔大住處商討《金門文藝》革新號的企畫編輯，作為執編之一，我還要做美編跑打字行、印刷廠估價及監印。我更負責邀約了大部分的詩稿，但克全在這一期上卻一次發了我個人 6 首詩 (金門舊作 3 首、故人箋 3 首)，他對我的賞賜令我一輩子感念，同時他更讓我負責封面設計，我以自己高中時期所拍的水頭攝影作為封面設計主要意象，採雙色套印，該期內容上還由我負責專欄之製作、撰述、設計，我甚且延續了《浯潮》前四期一貫的畫頁形式風格：以詩配攝影的圖文專欄，這一期革新號我以「尋找小島的原始風貌」為題撰文書寫對家鄉的愛，攝影．文稿．設計，竟然堂堂佔了 30 頁，其中拍攝碧山的 5 張黑白照片及兩頁抒情風格的類散文文字，如今讀來仍備感荒涼中的美麗，有其特別的溫度，3 月 18 日返鄉赴金門睿友文學館，特別從陳長慶手中調閱這一期的《金門文藝》革新號，見其安靜躺在碧山的睿友文學館玻璃櫃內，竟顯得如此充滿神奇性的時空因緣巧合，訴說著我們那個年代的荒涼與美麗。

　　民國 67 年 1 月 1 日發行的這本《金門文藝》革新第一期算是絕唱，它如我上引鄉親中央大學某位女同學給浯潮來信中所言，我們這些離鄉的學子，不只是要守護《浯潮》的成果，甚且應該擴及延續之前由長慶兄篳路藍縷創辦的《金門文藝》，真切的，我認為它應該有一個更用心、更有效率的機構來負責，做橫的集結和縱的延續。

　　民國 67 年 11 月 1 日發行的《金門文藝》革新第 2 期，我和黃克全各有詩作發表，我發表了〈憂傷五段〉、〈無聲的對白之一〉，黃克全則發表了〈迴旋路〉、〈午夜〉，同時我在這一期躍升為顧問，也參與了大部份企劃的討論，由於我當時加入了神州詩社一段時間，就近之便代邀了溫瑞安、戚小樓、黃昏星、曲鳳還、廖雁平、周清嘯等社員的詩作加入家門文藝行列，當時神州詩社的社員除馬來西亞僑生更同時跨有多校的臺灣學生參與，我所邀約的這些詩人詩作，真的是為金門文藝增色不少，回顧起來，那時作為《金門文藝》革新號第 2 期的編輯顧問，還真是意氣風發。這一期訂為兩線特刊，封面為黃世團的版畫作品、林世英（藍一峰）設計。發行人陳長慶、名譽社長黃克全，社長顏國民、我則是顧問。

　　民國 68 年 3 月 31 日仍由顏國民社長主編的《金門文藝》革新第 3 期，除了黃克全仍掛有顧問之稱外，我和克全均無有稿刊登於上，那時我已經在桃園振聲高級中學教書了，初任教備課輔導學生均十分忙碌，也更由於桃園離臺北有段距離，開會討論聯繫不易吧，我便無參與了。但我我至今仍不知為什麼當時會脫離編輯群之外了，總之，革新號第 3 期成員組織及內容，對我而言已是陌生的了。當然，也就在此時，在臺北延續陳長慶等人於金門創刊的《金門文藝》文脈之革新號，就這樣僅僅維持三期，在顏國民當社長任內，畫下休止符了。黃克全和我及顏國民等旅台鄉親均無能讓《金門文藝》起死回生，想想，壓下《金門文藝》革新號的最後一根稻草莫不是來自經費為主要的問題，當然還有延伸的發行、行銷等問題。

　　回顧《金門文藝》革新號的續刊，我認為應該從來不缺有眼界、有實際創作經驗的編輯群，從《浯潮》的創刊及每年出刊，從旅台大專同學群中實際寫作的同學中，實已累積建構了為數不少有實力的金門文藝份子，只要稍加整合，其編輯群應無太大問題。但文藝究竟屬小眾，發行經費硬生生就是問題，即便金門旅台大專同學會刊《浯潮》第四期的印刷經費，我印象中當時旅台大專同學會還是跟位於台北市迪化街的美泰印刷企業股份有限公司欠著。

　　從某個角度觀之，革新號的《金門文藝》可稱之為沿自《浯潮》的學院派風格或也未嘗不可。

　　《浯潮》的第2、3期分別刊登了陳弘儒、凡夫二位鄉親就金門文藝發展衍生的整體問題之討論，以及金門整體文藝發展實況。凡夫的〈從關懷與熱誠出發—金門文藝發展的回顧與前瞻〉提到了中國青年寫作協會民國57年2月間金門分會的成立景況，文藝研習營的開課，民國57年10月31日《金門月刊》的創刊（我高二或高三時時值服務於救國團的高一美術老師蔡繼堯老師曾送我一整套）《金門月刊》是我國中時的精神糧食，但《金門月刊》也因經費虧欠而停刊，《金門文藝》季刊卻適時創刊了。但文藝追求的熾熱卻受到旅臺的大專同學頻頻揶揄、批評的景況。（參考民國65年5月出版的金門旅台大專同學會會刊《浯潮》第3期，56-55頁），由於陳長慶在金門發行出刊的《金門文藝》，使用了「金門文藝」四字，故其發展及刊載內容的水平及代表性問題，當然特別格外引起批評討論的聲浪，《浯潮》的第2期或創刊號，刊有論者認為《金門文藝》刊物所刊登發表的水平不足以為

金門文藝之代表。(我典藏的《浯潮》創刊號及 2 期,並同部分《金門文藝》等數冊刊物被某鄉親借走了,至今未歸還,此處無法參閱詳論。)

隨後,在我主編的《浯潮》第四期則出現了晉浯〈為浯島的文藝進一言〉之宏文,從整體觀測金門文藝倒底是荒漠或成熟開始,討論前 3 期的《浯潮》在反映什麼?或《金中青年》給人的感覺、《正氣副刊》、《金門文藝》的前途坦蕩嗎?以及後面一連串的詰問和結論。(作者寫於民國 66 年 5 月 2 日,66 年 11 月出版的金門旅台大專同學會會刊《浯潮》第四期,55-59 頁))

從民國 63 年或 64 年至 67 年那個年代裡正是臺灣理想狂飆、鄉土文學開始論戰的年代,金門文藝界出現了討論批評的聲浪總是令人興奮且充滿期待,且十分難能可貴的,回顧金門文藝整體發展,我們不能不梳理這一條歷史文脈。

二、從金門日報正氣副刊《詩廣場》到《金門文藝》第六期詩專號

民國 63 年 1 月,在作文簿上開始正式寫詩,我最早看到的詩集是大林版的《第七度》,並從汶萊打工回來的同班同學林金俊所買的葉維廉《醒之邊緣》、《楊煥詩集》、余光中《蓮的聯想》開始展開現代詩的狂熱追求。

民國 63 年 10 月 15 日我首次發表詩作〈午〉於正氣副刊《詩廣場》第七輯,同年 11 月 15 日續發表〈暮後的巷〉、〈城隍廟〉正氣副刊《詩廣場》第九輯。

　　那時我已高三了，大學聯考壓力十分大，但因為著迷文學藝術，從課業的專注轉向文藝創作及活動，因為寫詩，竟然也累積了點詩名，數年來，克全兄老稱我是金門早慧的詩人，我們是徹徹底底的少年遊，記得在高二下或高三上，我們就通訊成為了文青筆友，民國 63 年高三上這一學期。我已在《浯潮》第二期發表了〈一組不安的歌〉詩作(另題：不安的短歌，民國 64 年 6 月出刊，雖然那時我尚未赴臺就讀大專院校，但彼時我在正氣副刊發表散文，並在金中自辦校內刊物《金中青年》，我被認定是較激進(敏銳、富有表現力)份子，因而引起了旅台大專學長們的注意，故向我這高中生邀稿。

　　高二我認識了在高中母校任教而又寫詩，筆名衡榕的女老師，她的詩發表在龍族，她送了我幾本《笠詩刊》、《龍族詩刊》和《主流詩刊》。我在二哥的婚禮上，認識了正氣副刊的編輯先生，彼時二哥在報社上班，常印一些稿紙給我，我用來寫散文或小說投稿給正氣副刊，主編非常賞識我，經常刊出我的作品，自從與編輯見了面後，我便常往報社找編輯們談寫作。有一次主編主動介紹了幾位在正副發表詩作的預官年輕作者，這裡面他提到梵靈和進蓮名字，適巧他們兩位曾與主編談起欲在正氣副刊辦理《詩廣場》專輯這件事，我從主流詩刊內知道他們兩位，又知道他們彼時刻在金門，便十分想認識這兩位詩作者。我在鎮上翰林書店看到一群軍人，其中一位少尉軍官正翻閱《主流詩刊》，那個翻閱詩刊的畫面讓我印象深刻。正氣副刊的主編給我了黃進蓮的通訊郵箱，我便與之通信，他誠懇邀請了我去歐厝的觀測站營區見面，我和他見了面，從此幾乎每個星期都要與其見面、

談詩，談他在正氣副刊發表的詩論，他那種對詩的狂熱也相對激起我的少年情懷，我便在那時期的氛圍中確定了寫詩作為生命中的精神志業之目標，而我也很順理成章以在地文藝少年之姿於《詩廣場》發表了我最初的詩作。

黃進蓮後來也與陳長慶認識，他與許丕昌接辦了《金門文藝》，欲編輯詩專號，同時要我拿稿子交予另一位軍官，那位軍官正是創世紀詩社的許丕昌，我因而有機會去金門高中臨時闢設為戰鬥營的美工班認識了他，並與他交往，他對我的一些詩表示讚許，極力推介給欲辦《消息》詩刊的詩人季野。我與許丕昌在故鄉最後相處的一個夜晚，正是我往山外官兵福利站找二姊的某一晚，不期在山外的街道相遇，估計他是去陳長慶的長春書店談《金門文藝》第六期詩專號的事吧，他對著年輕的我說：「再給你六年、十年，你勢必成為好詩人！」在最後一班公車、砲響下分手，我便沒有在金門再見到他了。《金門文藝》詩專號出刊了，我對詩有著更深的狂熱與喜愛。

民國 64 年 3 月 1 日出刊的《金門文藝》第六期詩專號版權頁載著：發行人兼社長陳長慶，編輯者：本刊編輯委員會，本期執行編輯：許丕昌、黃進蓮。本期零售每冊新台幣 15 元。

我發表了〈古城—浯島集之四〉(18-20 頁)，其他的金門子弟刊登於上的有：顏生龍〈載酒行四首〉(10-13 頁)、吳承明〈黃昏・河、浪歌三折〉(10-13 頁)、林斌〈虛度〉(21 頁)、許坤政〈給李白的一封信〉(22-23 頁)及〈金中上車線〉(24-25 頁)、葉秋人作品〈雨愁〉(26-27 頁)、煙影作品〈夜盲者之死〉(30-31 頁)……等詩友，其他出現於其上的不

乏臺灣享有盛名的詩人作家，如明秋水、林梵、蕭郎、莫野、莊金國、
羊子喬、溫瑞安、李丹忱、楊振華、許丕昌、金筑……等詩家。受許
丕昌及黃進蓮兩位大哥前輩之託，我在當時由於在金門中學早加入了
金中青年社之社團，擔任了《金中青年》校刊前後兩期的編輯，就近
熟悉同學寫作狀況，以其之便，便邀請了幾位寫詩的同學及文友供給
詩稿，我也就充當了本期《金門文藝》詩專號的幕後組稿人。

三、回顧的感懷與步伐的堅定

　　金門文藝對內及對外的交流很早，因緣際會諸多文友累積了一塊
磚牆，我們都是其中一塊。我與早期的《金門文藝》有種莫可言喻的
淵源及情懷，我在其中成長以迄今不曾缺席。從荒涼臻美麗之境，是
我對金門文藝發展的強烈感受，無論革新《金門文藝》三期結束後，
歷經多年後在民國 103 年 8 月 23 日復刊，至今又已屆五周年的光景，
不僅保留了民國 62 年創刊做為民間刊物的獨立性，透過了極佳的編輯
群組合，把《金門文藝》推向了優質的文藝刊物品相。

　　16 歲即始的年齡，我就無悔的把年少的悲傷及歡樂、交付了金門
文藝的長流順勢流淌，一任歲月沖刷，卻始終堅持步伐，也把激情和
靈思交給了時光永恆的謬思，我們都是彼時 70 年代及 80 年代金門文藝
的推手。

　　金門極為有限的文藝史料中，不僅是《金門文藝》雜誌，尚包含：
民國 57 年 10 月 31 日《金門月刊》的創刊、《金中青年》校刊、《浯潮》

諸期，以及金門日報副刊（含早期正氣副刊），或民國93年7月1日由
金門文化局同名沿用屬於官方出資由李錫隆發行人、陳延宗任總編輯
的《金門文藝》，每一方寸、每一頁資料均需要客觀性的被建立起來，
因為那是我們唯一僅存的文化財產、文化容顏，確切來說，是我們唯
一的文化尊嚴。

2019 年 3 月 25 日脫稿
刊於 2019 年春季號《金門文藝》第 67 期

中華民國 67 年 1 月 1 日，由金門文藝
雜誌社出版的《金門文藝》革新第一
期，張國治擔任執編

輯三

島嶼與我命運的精神核心

島嶼與我命運的精神核心
—《島外島，禁忌的海域－ 2017 年張國治彩繪大膽島》展出序文

一、

　　整整數個月，我以一種近似閉關的狀態著手這些構思儲釀已久的主題創作，用來回應我內在靈魂一些壓抑、不安、隱然躁動的情感，並且召喚一個孤寂島嶼的記憶，特別是整座本島當下處於政經時勢變化中，讓我隱憂其不可逆的未來變化，甚且它如何牽動周邊的烈嶼島或其它的島外島之命運？整個浯洲島嶼將何以呈現一種新的結構性變化？例如它會走上博弈的道路嗎？它與一水之隔歷史的兄弟島廈門如何有更多的連繫性變化？

　　但無論如何，關於彩繪塗佈一座禁忌的島外島，我已經踏步向前了，此刻，所有的禁忌或將被解放。

　　我僅僅在畫一座島嶼外在形象嗎？應非是，嚴格說來，我在畫一個軍事的島嶼，曾經禁忌的海域，一個尚駐紮軍隊的營區島嶼，曾經被海潮、鐵絲網、地雷隔離，被部隊軍管的家鄉，一個充滿禁忌的島嶼。仔細審思：是誰賦予這座無辜島嶼予人為的面貌？聳立的迷彩碉堡、坦克、隱藏的舟子潛艇、軍區營地，哨所、哨兵警界站台、鐵絲網拒馬門禁、眺望臺、集合場、彈藥室、打靶場……無所不在。但沒有一個自然生成屬於原始大地的島需要被隔離、被軍管、被禁忌，而我的

家鄉卻是地表上被軍管被戒嚴為最長的地區。金門及馬祖，自 1949 年 11 月成為「軍事管制區」開始至 1992 年 11 月 7 日解除戒嚴令，歷時長達 43 年 5 個月又 19 天，但事實上，家鄉及馬祖的出入境管制一直要到 1994 年的 4 月 28 日才真正解除，仔細算來，金、馬居民所受到的軍管歲月竟然長達 45 年，這幾乎是舉世罕見。 無庸置疑的，金、馬居民正是國民黨戒嚴體制與國共對峙下的最大犧牲者。

出生於 1957 年八二三炮戰時值 2 歲的我，想像中應該是嬸嬸或姊姊背著我躲避砲火侵襲，而我嚎啕大哭的景象，注定了此生不安流離的身影，年少在風聲鶴唳、戒備森嚴冷戰的年代成長，不安、戒慎恐懼的經驗始終盤據我成長的軌跡，揮之不去，或然一種悲觀幽閉的心情需要被拯救，而我是以詩歌、散文、繪畫、攝影來救贖自己的。

我貼著生命記憶繩索緩步踽踽而行，彩繪著不可預測的風雨、雲層變化、潮水、木麻黃、碉堡、灰暗沒落的黨徽、凝固糾結不動的國旗、標竿、像遠古戰國青銅上狩獵圖或迷離紋飾的迷彩、還有顯得落魄的海棠圖形烙著「還我河山」四字、「大膽擔大擔、島孤人不孤」、「三民主義統一中國」等巍峨巨大而又蒼茫的標語、凌亂的坑道警哨所、營區陰鬱的彈藥室，更畫下一座座充滿頹廢、任其遺棄充滿鬼魅的迷彩營房，整個令人感覺即將凋零、沒落、孤寂的島，刻劃 1994 年之後兩岸對峙在一座海島所留下的印記。

最初以一種較為幽閉的心情面對島上風情描繪，但在後面我以極其恣意、自我放逐、酣暢快意，恐更接近表現主義或超現實主義的心情畫下這個主題。然而再沒有戒慎恐懼的心情了嗎？僅僅流於一種緬

懷嗎？那絕不是的，我試圖以著絕對安靜面對自己的空白畫布，面對生命的孤獨，以映射出島嶼曾有的風雲變化感受，期望化緊張為藝術中的身心安頓。

二、

島嶼經驗是我文學藝術本體的核心，也是我世界的核心，詩歌廟宇的柱礎，更是我無從迴閃的宿命，年少島嶼風情與生存樣態深層感染了我，中年後我更深感這是我無怨無悔的選擇。

我曾寫過《絮語三則》其中第一則為《遙遠》，詩是這樣寫的：

比家鄉遙遠的是未能接軌的
鐵路，比鐵路遙遠的是未名
草原，比草原遙遠的是無碑銘
沙漠，比沙漠遙遠的是波動不定
海洋，比海洋遙遠的是飛翔過境
候鳥，比候鳥遙遠的是你未著陸
漂浮的心

我的「遙遠說」、「未曾著陸的心」……皆因島嶼而起，年少 18 歲渡海離家從金門到臺灣來，都必須等待潮汐變化，坐軍艦渡海，以後在雲層中成了候鳥則要通過同溫層回到島上，漂浮，等待著陸，每

次無論從高空或海面遠遠的凝視著島嶼，就有無上的雀躍或感懷，渴望一座棲息的島，無論實質的凝塑或身心靈的安頓。

從小特別關注家鄉那種砲戰後所形成，或遠渡他鄉發展人去樓空的廢墟美感，以及島上寧謐中所帶出殘酷荒涼的詩意。我年少曾經用過的筆名西蕭、風達、荒原、張鄉，皆是一種無盡的荒涼意境投射。

三、

以刀以筆呼喚一座島影，以槍枝擎起一座島嶼的身世。

我從小就不敢去想望一座充滿禁忌、鐵絲網圍繞、戰鬥標語、軍事碉堡及哨站所構成的島嶼、我們只能從標語去想像那座島嶼的危險和不安，然後從鋼盔軍人形象去想像汗滴下有些被壓抑的陽剛形象或被禁忌的情慾、在等候潮汐中及運補船中想像被濃縮的鄉愁，在碉堡哨站的聚焦盯哨當中想像軍士的矛盾與壓抑。但我沒有想到有一天島嶼身世的轉換，它毅然的要回歸回一座可以休憩觀覽的島嶼，他要重新被定位被觀光品牌化被行銷，或將也重新被命名？

大膽島，維基百科，自由的百科全書 (https://zh.wikipedia.org/zh-tw/大膽島) 內如此記載：

大膽島，由中華民國政府管轄，隸屬於金門縣烈嶼鄉，位於烈嶼島之西南方，距離金門島約 12,000 公尺，距離廈門島約 4,400 公尺。與相距約 800 公尺的二膽島有「前線中的前線、離島中的離島」之稱，曾於 1950 年 7 月 26 日爆發第一次大膽島戰役，以及 1958 年 8 月 26 日爆發第二次大膽島戰役。大膽島面積不到 1 平方公里，卻是自古以來兵

家必爭之地,島上隨處可見精神標語。最具代表的包括前總統蔣經國
所題的「島孤人不孤」,醒目地刻在大膽島的巨石上;而「三民主義
統一中國」的心戰牆,至今仍吸引遊客特地從廈門搭觀光船,就為了
遙望這塊標語。彈丸之地大膽島歷經大二膽戰役、八二三砲戰等重大
戰事,奇蹟似地取得勝利;島上流傳著諸多傳說,反映了戰爭年歲裡,
特殊的地境與獨特歷史的人文風土。

　　全島面積為 0.79 平方公里,南北均有小高地,中央由一條沙灘連
接。全島最高為南山,海拔高度為 98 公尺。

　　我試圖用精簡的概念描述大膽島上,著名的景點有:北山之「心
戰牆」,和東引燈塔同時建造位於南山的大膽燈塔,八二三砲戰遭共
軍砲擊摧毀所餘的底座,及南山的大膽寺和經國先生人像公園「島孤
人不孤」石碑另外還有一個原本的石碑屬規模較小的,位在南山的高
賓屋下方,明威公園位在中 14 據點附近,正面對二膽島,紀念清朝明
威將軍。北山則有神泉茶坊及北安寺,北安寺之前有神雞墓。

　　如今我們能打開禁忌,揭開這神秘島嶼面紗則是因為歷史的轉折:
大膽島和二膽島因移交給金門縣政府,因此已準備開放觀光,島上 200
名駐軍本來計畫於 2014 年 6 月撤離,改由警政署、海巡署 40 名警力駐
管。 但因顧及到中華民國的國家安全,中華民國行政院取消大膽島及
二膽島的全面撤軍行動。但仍降低駐軍人數,並由警政署警力、海巡
署兵力協防以因應開放登島觀光。

　　因為是大膽島擔人所無法擔,因為是英雄島,難免風聲鶴唳之說
四起。

　　誰能擔大膽？長年管制的大膽島過去可說是「前線中的前線、離島中的離島」，如今這個秘境即將對外開放參觀。迎接大膽島開放觀光，金門縣政府曾結合烈嶼金門觀光新亮點更舉辦大膽島文創商品設計競賽，邀請設計師運用島上特有的軍事遺跡及地景意象為元素，創作紀念商品。

　　但生肖屬雞的我，這個展覽非隨風起舞，大膽島於我有更多的命題，更多的啟示，於我應有更多的內蘊及深化，它應綿延更多無盡的想像詩意，在我筆下轉化為更多的符號及意涵。

　　四、

　　源於文化局的構想及邀約，邀請臺灣金門兩地詩人作家及畫家分批莅島探幽書寫及彩繪，我於 2015 年 8 月 28 日首批登陸，島上的幽靜及神祕氛圍深深感染著我。去年酷暑我以懷念之情畫下了第一張大膽島哨兵台一景，錯亂彩繪的迷彩恍彿一屏抽象畫，空無一人的哨站，只留旗桿矗立於藍天白雲上，孤寂吧，非百年的孤寂，其實來自於亙古的靜默。

　　島外島，我高中時第一次莅臨烈嶼之島小金門，我非常難忘在上林村中墩聆聽同學林金俊放送瘂弦朗誦葉維廉《醒之邊緣》錄音帶的情境，以及與島外島作家林媽肴在小島深談文學的情境。我決定以《島外島，禁忌的海域》為題，來連結我 2017 年的繪畫及詩創作意旨。

　　島外島這個詞語所示，相對於臺灣寶島，金門過去則是不折不扣的貧瘠之島。島外島，人外人，橫豎都是人和島嶼的情事，我則沒有

任何太大的波動，只想畫一個從波爛壯闊、烽火連天、鬼魅傳說及歷史敘事下頹色的戰爭島嶼平臺，渴望能夠安靜喘息，與大然共同呼吸波動，回復到它自然的靜謐或流動的潮騷。我思考的是關於島嶼如何呈現的形式、色彩與視覺呈現的理念，我仍苦苦探究追尋他的形式，或則，我更應該放鬆、豁然一些，究竟島始終無言，只像無言的人，讓你自由冥想及頓悟。

　　2017 年 11 月 4 日至 26 日我將於臺北市麗水街 13 巷 7 號一樓 M 畫廊以「島外島，禁忌的海域－2017 年張國治彩繪大膽島及其詩文創作」為題開展，歡迎關心島嶼命運鄉親朋友一起來凜受島嶼風雲變化，並有我《無以名之的風景－張國治詩畫集》新書發表。

脫稿於 2017 年 9 月 11 日 新北市板橋區
刊於 2017 年 10 月 19 日《金門日報》浯江副刊

2017 年 11 月 12 日 M 畫廊「島外島，禁忌的海域－2017 年張國治彩繪大膽島及其詩文創作」，《無以名之的風景－張國治詩畫集》新書發表，左起張國治、朵思、張默、向明合影留念

彩繪一頭一頭金門迷彩牛
─迷彩牛之創作概念、創作手法及素材

　　廈門與金門自有歷史以來即為富貴兄弟島，在兩岸互為對峙的年代，金門實施戰地政務戒嚴，矗立在金門各處田園或海隅的多是迷彩碉堡，且皆為障掩的草綠色，但伴隨藍天綠野碧海的卻是不必障掩的黃牛群，時至今日，金門迷彩碉堡已失去功能，並逐漸消退中，把昔日迷彩造形轉移藝術牛身上，除有戰爭轉和平之意義，並以象徵熱情、活力、節慶的紅色來寓意「宏圖大展」。在表現手法上將處理有肌理、質感的基底，並以塗裝、彩繪的方式完整呈現。

2010 年 3 月 21 日張國治於國立臺灣藝術大學文創園區擔任文創處處長，於園區內繪製迷彩牛參加「2010 廈門國際奔牛節」，該主辦單位由張國治介紹媒合

2010 年 3 月 21 日張國治於國立臺灣藝術大學文創園區繪製的迷彩牛完成，準備運送前往廈門參加「2010 廈門國際奔牛節」

輯四

影像的視覺深度

面對這些照片，我們能夠做什麼？

—序 張蒼松《解放天刑》

　　我和蒼松約在紅樓見面，6:35 臺北西門町捷運站前的廣場，人群晃動穿梭，我遠遠瞧見他，他拉著一卡皮箱，肩上揹著另一個背包，立在紅樓門前，我向他招手，這時，他像極了七〇年代那種優雅的文藝青年，衣著素樸，人和善拘謹，出現在我眼下。與四周時尚流行，街頭次文化青春少男少女有極大的不搭軋。

　　藝術家、詩人、攝影家內心的世界，總是與他身處的現實世界有極大衝突吧！為了一篇序，我們到了木船民歌西餐廳，三人組成的蓄髮樂團歌手英文歌曲把我們拉回一個七〇年代青春萌芽，現代漂泊覺醒、反思，「八〇年代理想繼續燃燒」[註]的年代氛圍中！然後轉場另一個歌手仿唱著伍佰「心中想著、唸著都是你！」的歌聲中，突然令我飄起幾絲感傷，五月就要過去了，梅雨季節來臨，豪大雨、暴雨、傾盆大雨、陣雨、斷斷續續無法從記憶烘乾黏膩的雨，我的鼻子過敏嗅到了許多霉蝕，從陰暗的一些角落漫延！

　　我手頭上的《繭中紅塵》──張蒼松「創作成年禮」，那封面上黑白調的握拳肌理紋路，如同過往歲月的脈絡昭然若揭！

　　昏暗的餐廳牆面，眼前攝影家在我的視線內彷彿只有黑白灰，牆是白的，JAZZ 黑人樂手海報也是黑白的，這天，我沒帶相機，這在我生活中是極少的現象。

　　我沒有相機，但我專注凝視眼前的攝影家，認真思考他的作品，有時還隨意以著鉛筆邊記錄他的言談，邊速寫他的容顏。然而，閱讀他的照片，我的心情遂如一塊沉石，掉落在一口深井，某種清澈的冷冽映照中。我心裏吶喊著：好陰暗的一個個角落啊！之後，攝影家在歌聲瘖啞、間歇中，從一大卡皮箱內端起一落又一落的 16” × 20” 手放照片，剛從朋友暗房中結束放相作業，也是行將在臺北縣文化局展示的系列作品。不同於《繭中紅塵》的花蓮玉里精神病院之主題，但同樣還是黑白灰階調，有著陰鬱的色澤。似乎從攝影家深眸中列印出的悲憫與觀照，著實令人動容。

　　對於「解放天刑」這個主題系列，攝影家以著自發性，卻具專業的態度，在十五年的長期關懷歲月裡，提出了他的視覺觀點、人性立場、感性觀察，不同於立即性、時效性的新聞攝影，攝影家試圖以著低調、靜默的態度，溫和的把報導視為一種貼著生命而行的創作來進行。這令我聯想到美國女報導攝影家蘭格‧多蘿西亞 (Lange Dorothed 1895-1965) 堅持認為：「人要理解他人，同情他人，更多的不是靠分析，而是靠感覺和接觸。」就這一點而言，張蒼松確實做得很好，他每次做完一次報導後，都會再回樂生療養院去探視這些患者，與他們建立良好的來往，並視為朋友，傾聽他們的故事、心聲，鼓勵他們。即如主題中的「國賠官司」系列報導，他從事件的起訴開始都全程跟著拍攝，在「樂生療養院保留」系列中，他也充滿一種憂患意識，他了解報導者有時候本身其實就是聲援、參與者，在這一點上，他掌握分際拿捏得宜，不逾越分際。如此，我們察覺到他的所謂抗爭照片其實是

溫和的！

　　對於他所從事選擇的工作，我尤其佩服，他作的雖是報導攝影，但工作後面卻沒有任何報刊雜誌社做支撐點，以及任何贊助廠商支援，可說是獨立攝影報導家，支撐他的光是傻勁不夠，全憑人道主義，理想色彩來支撐。我難免會去質疑他的穩定性和發展？但他覺得一路走來，很自然的清楚報導攝影要做的內涵，這種堅持完全建立在他所追尋的人生意義上，或許緣於個性、體質，或年輕時在日本唸寫真學校所形塑的理想色彩？或許他選攝影作為他生命的註解，一如他二哥十八歲時為他命名的「蒼松」一樣，帶著一種宿命的滄桑，註定他要為蒼生發聲，他文雅，甚至帶著某種悒鬱，但從他的作品，卻看出他堅毅、獨立如一顆青松。

　　每個時代都有其蒼涼之處，也都有其陰暗的角落，關於《解放天刑》系列，從一九九二年十四年前開始，蒼松已在《自立晚報》有著詳盡的報導，以及之後《中國時報》浮世繪，爾近《聯合報》聯合副刊……等作了精闢的報導，他的報導是新聞的，但更是文學的，他的文筆使用得好，文字書寫的調性，客觀、敏銳、深入，讓我們閱讀中不因時空，事因隔閡無法進入，在影像呈現上，他雖是以圖片佐證這些被遺忘的角落、事件原委，無法完全用藝術形式去詮釋，但他在美學部份卻仍然以掌握人性之美去進行拍照，現場情境、氛圍、光影、視覺構成的聯結仍然一併被考慮在內，尤其截至目前，他仍堅持以通過暗房進行作品的放大表現，這恐怕是他在完全記錄，掌握時機點的報導攝影之外的另一種堅持。而這種堅持是美學的，是作品經過時間

沖刷之後能讓人感動的部份。

　　關於「痲瘋病」在我極其年少的金門成長經驗中，都有著一種被污名化，被誤解流傳的地方所在，譬如金城南門里浯江溪口，就有個被稱作「痲瘋嶼」的小島嶼，那是長輩形容關閉痲瘋病人的地方，而形容人噁心、骯髒……有個叫「ㄊㄞˊ ㄍㄡ」的閩南話被通用，其實就意指著像得了痲瘋病一樣的噁心、骯髒，然而，這種種民智的不當流傳，乃肇因於過去醫學的不發達所致，這二、三十年來，我已甚少聽到鄉民關於這些方面的泛泛指責。但閱讀張蒼松的近作：〈呼喊正義，傳誦樂生〉心理卻有著極多的迴響，閱讀他的這一主題系列的作品更加沈重，彷彿我以著蘇珊‧桑塔格(Susan Santag, 1933-2003)言下的「旁觀他人之痛苦」之情緒來進行自我反思：「旁觀他人的苦痛究竟是為了對他人同情、憐憫的喚起？或也激起我們內心的軟弱能再堅硬一點，以面對人世間的脆弱？或也經由社會的不公不義，喚起我們逐漸麻木和喪失的同情心？但面對這些照片我們又能做些什麼？」是的，我們能做些什麼？這個社會又能做些什麼？

脫稿 2006 年 5 月 6 日
收錄於 2006 年臺北縣政府文化局出版《解放天刑─追求真理的仁者紀事》
2007 年由「臺灣人權促進會」出版
本文標題改為：〈面對這些圖文傳播，我們能夠做什麼〉

註：「八〇年代裡想繼續燃燒」係中國時報出版社出版的一本書名。

婚禮攝影作為文化傳播的載體
—由利正忠先生的影像藝術

　　當代藝術始終存在著一個創作的議題：身份的尋找與認同！

　　這無論從種族、原民、民族、性別等面向去進行討論和創作，這些年藝術家們在某種程度都有展開了極大的論述和表現！結婚儀式應該也是多數人尋找身份及認同的一條途徑和起點的開始！

　　臺灣人過去喜歡講「婚紗攝影」，此詞針對女性市場投其所好，完全是商業用語，我個人認為這樣的詞語用法過於狹隘。來自於東京的由利正忠先生在其大著《照見幸福的所在》恰巧針對婚紗攝影與婚禮紀錄做了論述，解決了一般人的困惑。因為臺灣傳統的婚禮中，新娘不可以在戶外拋頭露面，只能躲在新娘房裡，較難在當日婚禮進行中拍下讓新娘滿意的照片。因此尋求創意生機的臺灣人，約在 1980 之間的年代開始，有專門為新人兩人拍結婚紀念照的產業出現，與婚禮紀錄攝影分開的概念同時產生。臺灣的婚紗攝影產業曾影響了極大的中國及華人市場，帶動一股風潮。

　　婚紗攝影所採取的是一種「擺拍」的方式，依照創意構想，配合造形師、化妝師和美術指導以整體造形進行，攝影師像導演一樣，指導新人做出了類如 19 世紀「靈光消逝後」的工作室擺拍方式，臺灣婚紗攝影的後期發展，更導致攝影師竭盡心思所能發展，除要設計各種外形、服裝、動作外，更要不斷去尋找拍攝外景景點、變化拍攝風格

以達成新人的心裡滿足感及同業之間的競爭。

　　婚禮的紀錄攝影則反而較不為一般人所重視，做為婚禮的攝影師除了平素要建立個人的審美基礎之外，更多的是在婚禮進行當下拍攝的觀察力與判斷力，採取「決定性瞬間」的拍攝方式。而要拍出能夠超越商業模式，並進入當代攝影藝術範疇中的婚禮攝影，其實是件不容易的事。這需要另一種藝術能力的養成，臺灣過去拍婚紗攝影者不乏其人，但在婚禮攝影紀實有成者卻乏善可陳，除張乾琦先生的「婚禮」紀實攝影系列是較為深刻之作，其它的都屬單張或數張零散發表的紀實影像，我發現像由利正忠這樣對婚禮攝影紀實有清晰概念的從業人員並不多。也許正因為其個人的某部份理想堅持，致使他在選擇以婚禮攝影作為紀實攝影表現方式，深入去挖掘婚禮進行中最為深刻的一面，表現其深度性，以做為每對新人將來回憶的開始，此種與婚紗攝影表象的創作模式並不相同，可能正因為他是以此作為創作起點，並曾依靠以此為謀生，我察覺他在這條攝影道路上走得並不順暢。

　　但我在他的《照見幸福的所在》書中，卻看到他在此種理念堅持下所留下的豐富影像，配合他的文字說明，卻頗令人回味再三。

　　由利正忠先生的愛妻陳慶珮，是我執教國立臺灣藝術大學 20 多年前的學生，由利先生本身是理學的博士，1996 年來臺灣，在臺灣的行政院同步輻射研究中心工作。因為千里姻緣一線牽，由利先生來到臺灣不久之後與慶珮締結了這段美好的姻緣！我很遺憾沒參加這段跨國情緣的婚禮，卻看到了他們身著中國傳統結婚慶典的服飾結婚照，學生畢業多年，久未聯繫，一直到 2008 年，因為由利先生邀請了美國婚

禮攝影大師 Joe Buissink 來臺灣演講，因為是攝影的同好我受邀前往會場，我才和由利先生認識。

「由利正忠是臺灣女婿！」按照臺灣人最直接的說法，這是一句完全不會見外、並視如己出、親切又和平的說法。

日本與臺灣無論從過去的歷史有多麼牽葛與糾結，作為一段異國婚姻正如同由利正忠先生所拍攝這些相片中有其令人感動和記憶的部分，這些應屬人性中的美好情感和心靈生活者所擁有！而這正是要透過由利正忠先生的影像，去傳達他在臺灣灣所感受到的傳統文化與現代衝突之所在，並將逐漸式微的傳統婚禮面貌保存下來！這同時也是日本國民相對認識臺灣和日本自身傳統習俗和現代文化的一個途徑！

這種種透顯出的深刻意義，構成我為由利正忠先生策展此次展覽的主要動機和目的。我衷心祝福此次展覽完滿成功。

寫於 2016 年 1 月 12 日

2016 年 9 月 4 日由張國治策展「臺灣婚禮物語 -
由利正忠寫真展」於台北駐日經濟文化代表處 2 樓展出
左起張國治、朱文清處長、由利正忠

勞動者影像的視覺深度

　　有關於本年度勞工攝影比賽一般組的作品，雖然送件僅有二百多件，不及預期，但此項活動之立意仍值得肯定，對於選出的五十件優秀作品，也都在水平之上，並不因為送件人數少或入選獎項名額多而使得作品呈現浮濫。

　　我們看到各行各業勞動者，透過他們的肢體、動作、表現與環境產生一個敘說的情境。有些照片不直接透過勞動者動作的演繹，去直接呈現人在空間的情境，卻透過被攝者人物專注的表情，精準傳遞出勞動者的身份。

　　有些照片，人、事、物場景清楚被直接呈現，人物卻被置於畫面某一角落，以致削減其畫面戲劇性的張力。拍攝者與初拍攝者的關係大抵從每張照片隱然可見。有人採取遠遠凝現、或走馬看花的態度，其畫面就缺少溫度，或讓照片僅流於視覺形式的美感，恐較無法彰顯勞動者深刻主題意涵。

　　然而，我們看到的五十張照片，絕大部份拍攝者，其容顏表情大抵充滿一種樂觀或熱情的樣態，莫非這也顯示在臺灣勞動者的原生狀態？要不，就是被過度修飾出來。而我寧願選擇前項理由。因為，這可能就是臺灣最富生命力的地方。

　　光影、構圖、人物表情、肢體、動作的捕捉，以及光圈快門的運用均很重要，但更重要的是對週遭社會的觀察是否深入，以及對世界看法的表述更加重要，因為那決定一張照片感人的深度。

2015 年 9 月 25 日張國治藝術駐村於沙美
拍攝沙美老街一角

我的攝影觀

攝影家對這個世界真相的揭櫫、真實的捕捉，或作影像的再造，其實都是非常渺小的一件事，所謂決定性的瞬間的視覺和諧，宇宙的秩序、規律原來就已存在，攝影家只是再一次發現及捕捉紀錄而已，但我們即使再以高感光度或千分之一秒的快門運用，都很難捕捉這個變動性的世界其轉眼瞬間的變化。而在這個宿命的背後均源自於「時間」因素。

在可變、易變、多變的時間演繹中，影像或攝影的詞義應該也是充滿不確定的。我們只能以哲學的思考，去思辨或從事影像的創造。

技術、視覺美學，在這個哲學的命題下，恐怕均要退其後。

寫於 2010 年 11 月 26 日

張國治視覺意象攝影展
─《影澹如風》展出自序

　　暮春的午后。

　　毫無預設的心情撞進「人淡如菊」茶書院中。

　　螢火蟲映像體的朋友們要我在這裡辦個展示。是為「臺北人・故鄉事」共襄盛舉的。

　　這個時代人情薄如紙，人與人心靈疏離如鋼壁。能在這樣「大隱隱於城」的都市一隅，這樣有品味的茶書院，懸掛自己的影像心情是真的好。雖然剛辦完一個大展，免不了累。

　　茶書院李曙韻老師擅長人文空間及中國花藝、茶事之研究與教學。人好、心好。卻有些疑惑對我說：「你的作品不知與我們這裡的中國風格搭配否？」我笑答：「凡是視覺藝術的，在形式上具有可統合的元素，就沒有東方西方的焦慮，更何況，後現代的拼貼、挪用，諧擬，早已經是當代藝術創作的通則及手法了。」

　　取《影澹如風》為展出標題，當然是「人淡如菊」對應而來。女主人概然讓出正廳牆，我遂內定《因為風的緣故》、《青苔的歲月》、《樹影搖曳》等三幅彩色系列作品展示，佐以數幅 8x10 吋的黑白作品。然則，這系列黑白作品，在視覺構成極為純粹或絕對，黑白光影造成的視覺效果極具異國情調。簡潔明快的美感秩序雖為拍攝時的決定手

法。然則「影澹如風」的詩意心境，卻逕從奧賽美術館內的阿波羅太陽神、從塞納河畔灑光落影的記憶被拾遺。在「人澹如菊」古樸的空間蔓延著影像寂靜的記憶。

就以視覺影像佐以春光和茶，人間四月天，其實也還是美的。

2002 年 3 月 28 日在誠品

2002 年馬英九擔任台北市長時
參觀張國治教授於人淡如菊茶藝館的攝影展

全國學生美術比賽擂台誰與爭鋒

登上擂台之前之後

　　參與全國學生美術比賽評審是一件無比光榮的事情，對於從小參與美術競賽屢獲獎項，因而走上美術路子的我而言，在多年後更換角色，照理說，應有更多的雀躍與滿足之感才是，然與事實相反的，我卻不時思考，為學生所謂參與美術競賽所帶來的反作用不免有一絲憂心！參與評審多年以來，最大感想是：全國學生美術比賽，既是一個令人讚嘆的舞台、卻也有令人感觸的所在，試想歷年來中央級的教育部，貴為指導單位，主辦和協辦單位以及地方各縣市投擲了那麼多經費和人力，全臺灣對美術有興趣且投身其中的學子們，對此等賽事是如此虔敬頂禮，嚮往有加，莫不渴望榮耀加身；何況家長、指導老師和學校，甚而外界美術補習班莫不殷殷期盼學子得獎的一刻！這誠然不可不謂是件盛事！且從觀察全國學生美術比賽多年以來的作品，亦可瞭解臺灣學生美術教育的現況，它儼然成為觀測臺灣美術發展的風向球！既如此，何來感觸之有？然任何一件舉措，必有其正反面之反應，作為臺灣高等藝術大學教育工作者的一員，長期觀察臺灣藝術教育發展，個人在參與此等賽事評審之餘，除了該給予的掌聲和喝采之外，終究也不得不思索此等賽事之本質和效益，並懷疑它到底造就了多少的臺灣美術學子，得以孜孜不倦一輩子投入美術創作？或因此等

賽事之挫折而斲傷或扼殺更多有創意潛力的學子們？它最終是否僅淪為學校老師、學子、家長投入競逐獎項，以作為申請更高一級學校入學的叩門磚和墊腳石？或者它也十足反映出現階段臺灣從國中小、高中職以迄大專的美術教育中，因為美術比賽之激烈競爭，淪為一味競技和追逐功利的風潮，而失去美術為人生美好本質之追求？如果它或幸而不是淪為此種現象，我都希望此種結果不是悲觀論調的，而是有改善空間的。以下就提出一點個人思考和淺見，作為全國美術比賽相關人員之參考。

全國學生美術比賽舉措之必要或興廢

　　此問題並不是一個人的決定，我曾在國立歷史博物館（以下簡稱史博館）或國立臺灣藝術教育館（以下簡稱藝教館）主辦的籌備會或檢討會上，見證了有人提出停辦之議，或對指導單位、主辦單位有諸多意見，然最終的決議，不是不要辦的問題，而是如何辦的問題？因此主辦單位從社教館（現改為生活美學館）到史博館或藝教館主辦，而最終不知歸宿。或許目前由國立臺灣藝術教育館主辦是對的，然而臺灣輿論自由多變，公民力量可改變體制，當更多人民突然回頭關注到藝術的力量時，它有可能回到教育部或文化部自身單位亦無不可。全國學生美術比賽這一具有高度榮冠之競賽，對學生發展到底是一件有利或弊多於利的事？我個人還是持樂觀看法，我覺得凡是任何競賽，獎勵對學子而

言，都是一件具正面能量的事，問題是比賽的精神、目的為何？學校老師學生以何種心態和方式來面對？而其舉辦形式如何更完善？主辦單位如何以承載人文與藝術生活之推廣本質，以多元活潑有機方式來舉辦？當今世界無論政治、經濟、科技均瞬息多變，臺灣社會亦產生急遽變化，美術或藝術之界定更顯寬廣，其表現議題不僅類型多而廣且多元跨域，無論內容和形式、技巧和方法，均在在挑戰傳統思維，特別是從現代主義到當代藝術的興起演變，藝術已由視網膜轉向腦波思考的問題，從架上繪畫走向空間深度思考，美術比賽如何應運此種藝術思潮的轉變呢？這是值得審度的面向，譬如：如何將學生導入社區生活改造、參與社區活動之走向，並因此讓學生以繪畫、設計、攝影、錄像或開發區域文創的提案行動方式，以成果彙報的比賽方式，或在大專組以類似台北市立美術館舉辦的台北獎方式來辦理，有無可能？當更多人共同來思考更多比賽方式的各種可能時，其實是一件很令人期待的事，或將為美術推廣帶來更多契機亦無不可能！然而行之有年的比賽方式要脫離傳統作重大變革，這恐怕也是沒有一個主辦單位或籌備委員敢大膽提出的方案吧！事在人為，我們還是持樂觀正面性思考吧！

美術競賽於學生之必要與否？

我想這個問題應該還是正面的。先從自己的經驗談起：我的人生是經由美術比賽鼓勵而成長起來的，我國小四年級遇上教美術的黃伯

榮老師，他是台北師範美勞科出身的，那時我的印象中，老師並沒有太多的教法，只記得是自由畫，老師均用啟發式，一盒八色或十二色利百代蠟筆，一張學校發領的小小圖畫紙，我們就是發揮想像塗抹，三、四年級時，我的畫就屢被貼在教室後面「我的作品欄」上，那時班上一位女同學也以一幅畫參加全國兒童美術比賽，我還記得她畫了門前一條小溪和溪畔長滿菓子的樹，老師幫忙郵寄到臺灣主辦單位，在全國兒童美術比賽得了國小中年組第一名，報紙也刊登此消息，在我幼小的心靈當中，這著實是令人羨慕的一件事！而這也刺激我想找機會表現一番，終於我在學校另一次寫生比賽得了全校第四名。讀小學五年級時，由於所讀的分校也有參加全縣（金門縣）兒童美術比賽，我遇上孫建禎和林成族老師，選拔我代表了全校參加美術比賽，獲得全縣第一名的佳績，也由於屢屢從美術比賽得獎，從此成就了我走向美術人生之路。在物質貧瘠的年代，從美術比賽獲得的微薄獎金或禮品，似乎也稍稍彌補了我生活物質的匱乏，並提升了某種精神上的滿足。

從教育觀點來看，任何一項競賽都有其正面性意義，比賽本身就是一個好的觀摩學習機會，因此在舉辦數屆的全國學生美術比賽，業已累積了豐富的學生作品成果，為學生朝向美術鋪了條大路，並成為檢測臺灣美術發展的風向球。全國學生美術比賽首先依照每學年度擬定之實施要點執行。其主要目的為：增進學生美術創作素養，以及培養國民美術鑑賞能力並落實學校美術教育。這是很好且寬廣的要旨，如果就此宏旨思考而言，增進學生美術創作素養，以及培養國民美術

鑑賞能力並落實學校美術教育，學生如何經由此等賽事之參與，有更多獨立創作思考空間才是，而參與學校之人數和質量應比學生得獎之統計還來得重要。

然而不諱言的，全國學生美術比賽也帶來了一些負能量，在歷屆參賽作品之間，它已被類型化，或指導老師主導思考並參與潤飾或在學生作品動手添加之，說來這已嚴重傷害比賽之目的和意義。為了爭取獎額，許多學生的創作不再源自於生活的感動感悟，老師、家長和學生共同揣測評審口味和觀點，僅僅追求歷屆得獎的類型題材或仿效其風格，因此也使作品失其原創性，評審委員只要觀察一兩年之得獎作品，不難看出此一端倪！更甚者，某一校學生送出之作品，均為類型化之作品。凡此完全以得獎為目的之比賽，恐流於偏失，特別是美術補習班，完全以得獎為目的作為導向，更易流於弊端。前面我舉出個人參與美術比賽之歷程作為例子，但我必須說明的是：在這段成長歷程中，我的美術老師幾乎沒為我改過畫，作為美術老師他們善於啟發導引，卻從未指示我該畫哪種風格、類型、題材的作品，以之參與比賽期望獲獎！從小我就懂得獨立思考：要走出塵俗、創立自己風格。

所以關鍵問題是：學校老師及學生均要以更健康心態去面對美術比賽，不要為得獎而得獎，要勇於表達自己獨特觀點、審美意識。老師們或補習班指導員更不可越俎代庖，方可訓練出有獨立思考、個性表現之學生。

全國學生美術比賽緣起與演變趨勢
全國學生美術比賽是如何實施？其結構和參賽類型為何？

在組織上，每學年度分別設立全國學生美術比賽委員會，例如：「103 學年度全國學生美術比賽委員會」，主要由指導單位：教育部、主辦單位：藝教館、協辦單位：各縣市政府教育局（處）等單位組成之。當然追溯其歷史，因著主辦單位轉移之不同而有不同構建。

其參賽類型屬於較傳統的比賽方式。美術比賽的對象主要為全台灣各級學校學生美術作品。學生組別及作品的類別為：

1. 組別：

初賽分國小組、國中組、高中（職）組，決賽另增加大專組。

就組別而言，大專組缺少了初賽，並不意謂它的組別參加作品眾多或優異，相反的可能因為歷年來該組別參與件數少，水平亦不高，故省略了初賽，此外這當然與大專組主要為公、私立大專院校日夜間部學生、進修學校學生、推廣部學生、五專院校日夜間部後二年學生及研究生。許多大學直屬教育部，地方教育局社教課難參與其中，然此也不盡然為主因，或許是因為學生思維導致：就讀大專院校的學生們已錄取就讀科系，他（她）們不再汲汲營營於爭取加分的得獎業績，或對藝術追求已另有看法。就歷年參賽件數之統計及參賽作品水平而言，越是國小低年級參賽件數越多，認真度越高，普通班學生之水平與美術班學生相較毫不遜色。國中組、高中組現象亦如此。就個人諸多觀察：這與學生爭取得獎獎項作為申請升學入學之管道有關。這難

免也導致學生投入各大才藝班、美術補習班之現象,而各大才藝班、美術補習班莫不以輔導學生得到各項美術比賽為掛帥,因之掌握美術比賽評審之口味,投其所好,也衍生為美術比賽的特殊現象。就此而言,如要糾正亦可採各種舉措:如設定每年不同主題、評審委員以發掘學生特殊潛能而不以個人喜好決定為要。如前所舉例:依教育部文化發展面向所揭櫫之生活美學、在地文化形塑等面向去設定主題,將學生導入生活社區改造,參與社區活動之走向,並依此讓學生以繪畫、設計、攝影、錄像或開發區域文創的提案行動方式,學生可以成果彙報方式參賽,當然此種思考對照當前主辦單位之人力卻有更多難度,然而至少可針對大專組做類似台北市立美術館舉辦的台北獎方式來辦理,並且不限定平面,而有更多立體或新興媒材注入,是否有其實施之可能性?而更多這些比賽方式改變的可能,其實是很令人期待的。

2. 類別:

・國小組分繪畫類、書法類、平面設計類、漫畫類、水墨畫類、版畫類等六類。

・國中組、高中(職)組及大專組分西畫類、書法類、平面設計類、漫畫類、水墨畫類、版畫類等六類。

檢視上面這些類別,恐也有重新思考之必要,今日臺灣在講求人文藝術與生活結合、文創跨界發展之概念的當下,甚或當代新興的表現媒體,已走入大專美術院校之造形藝術、視覺藝術等學系,傳統美術類別顯然不足應運當今藝術發展之需要。比如攝影或影像創作可否納入比賽類別?或立體設計和工藝類可否納入?如因為作業方便與否

而僅思考平面之方便性，又如何彰顯當今美術教育之趨勢？美術在當代已不再囿於平面思考。立體空間概念是必須被推展和強調的。

3. 主題：

依各學校美術教育課程內容自由選定。正因為要彰顯美術比賽之目的：落實學校美術教育，而依各學校美術教育課程內容自由選定。也因此我們看到參賽作品五花八門，有各種風格與類別，百花齊放，美術比賽之平台變成大植物園主義，作品繁複令人目不暇給，決審委員入於其中，稍一不慎往往顧此失彼，恐造成遺珠之憾。因為主題表現媒材不一，難免造成評審委員主觀的喜好與選擇。

4. 比賽方式：

・分初賽與決賽。

初賽 ─ 國小至高中（職）事先由地方縣市教育局（處）主辦。其收件日期亦由各主辦單位自定。大抵時間都定在每年 10 月 29 日以前舉行完成。初賽地點：由各主辦單位選擇適當比賽場地進行。參賽作品組別及類別、各校參賽作品件數、錄取名額均有詳實規定，另對大陸地區台商子弟，學校亦有規範，參加者主要有由新北市政府成立之「台商學校專區」辦理之初賽相關事宜可參照。決賽 ─ 主辦單位是由藝教館接手。收件日期、地點由各縣市政府大約於每年 11 月 3 日、4 日、5 日、6 日、7 日彙集優秀作品及作品清冊、電子表單、光碟送達藝教館。再進行為期將近 2 星期的決選。決選參賽組別及類別除如上述初賽各類組外，增加「大專組」，各類組如下：

組別	類別	參賽組別
大專組 非大專組	1. 西畫類	大專美術科系、大專非美術科系
	2. 書法類	大專美術科系、大專非美術科系
	3. 平面設計類	大專美術科系、大專非美術科系
	4. 漫畫類	大專美術科系、大專非美術科系
	5. 水墨畫類	大專美術科系、大專非美術科系
	6. 版畫類	大專美術科系、大專非美術科系

‧ 參加對象及作品件數：經初賽主辦單位評選後錄取之作品，由縣市政府教育局（處）送件，個人或學校自行參加概不受理。 大專組由就讀學校以校為單位，各類組每校選送作品不得超過 10 件。

‧ 評選：由決賽主辦單位聘請相關專家負責評選工作。評審過程分三個階段，初選：由評審委員圈選佳作作品，以圈選多寡及水準高低定取捨。但至少要有三分之一以上評審委員圈選，方得佳作；佳作作品中有二分之一以上評審委員圈選者，則為甲等。複選：將甲等作品重新圈選，取圈選數高者若干幅為優等。決選：將優等作品編號由評審委員以等第法計分，取等第數字累積最少者為特優（如未達評審水準，特優得從缺），若積分相同，再評等第，積分數字少者優先，餘類推，統計結果如有三分之二以上評審委員對特優有疑義時，得予以重評。決賽等第分「特優」、「優等」、「甲等」及「佳作」等四種，錄取數量按送件比例及水準高低擇取。

全國學生美術比賽有其演變之趨勢，全國學生美術比賽如何作為檢測台灣美術發展之風向球？

　　試以 100、101、102 學年度全國學生美術比賽近三年平面設計之得獎作品及探討為例。

　　筆者個人的設計教育於民國 64 年至 67 年，在國立臺灣藝術專科學校美術工藝科應用美術組完成，之後於民國 73 年至 77 年，復於國立臺灣師範大學美術學系完成。及至親身於中學、大學教學，相當熟絡臺灣設計教育之發展。就臺灣早期對所謂的平面設計之概念幾等於圖案課、裝飾圖案之概念；就其時而言，學院中對所謂的圖文訊息傳達、版面編排、視覺誘導、視覺形象、視覺心理與視覺認知均無所涉及。畫圖案或畫插圖幾乎等同了平面設計的概念。也因之後來的平面設計最多畫畫海報、封面、月曆、郵票、中國紋飾圖案、紡織圖案，甚而包裝圖案了。

　　近些年臺灣在設計教育的推廣上有著傲人的成就，從每年一次的新一代設計大展，皆可從學生作品呈現的創意略見端倪。2011 年，由於臺灣創意中心承辦的世界設計大會成功舉行，使臺灣設計能量進而登上國際舞台，而台北市申辦「2016 年世界設計之都」成功，更突顯臺灣堅強的文化與設計軟實力。加上國家政府相關單位多年來不斷推動「社區總體營造」、文化創意產業發展政策，以及新五都「創意城市」之倡議，均使臺灣整體創意設計外在及軟體實力有著更成熟條件。

　　筆者近十年來有多次參與全國學生美術比賽平面設計類的評審經驗。從台南市立社教館、史博館，迄今藝教館主辦，每次的評審過程總有深刻的經歷與感受，欣慰於臺灣學子豐沛的創意、高度想像、組合、充分描繪和善用素材的能力，以及不斷創新的精神。學子們在參

展的作品中，從主題的選擇，因應時代的進步和社會的變遷，特別能夠以對自己鄉土、原住民的關懷表達之情，躍然表現於畫面，著實令人感動。現今學生們尤其在複合媒材使用上的成熟，經常有著超齡、卓越的表現，令人讚嘆。

　　從以 100、101、102 學年度全國學生美術比賽近三年平面設計之得獎作品探討觀察中，亦可目睹此種進程變化。這明顯的趨勢主要是視野開闊了，設計概念（concept）較為清晰了，高中職學生作品更體現了這種設計教育趨向成熟的成果。現從平面設計主題、訊息傳遞與表達、議題話題性、功能實用性、表現技法以及從審美性、創意性，分析歸納這些特色於下：

　　1. 主題的多元豐富性

　　由於比賽主題是依各學校美術教育課程內容自由選定。因之如何選擇一個吸引閱眾注意的題目來進行表現，經常成為比賽中重要的一環。近年來，台灣的大大小小創意設計比賽，無論國際平面設計比賽、學生創意大賽、海報設計比賽、新一代設計大展，得獎的條件通常是具有日常生活的實用性、文化創意的特色、訊息傳達功能精準、審美性、技藝性，在立體設計上還強調感質、五感設計。當然如何將訊息一眼傳達、畫面吸引人的精準功力是需要熟稔的視覺語法訓練，有關圖文編排、視覺誘導這多方面的訓練是必須的。近年來全國學生美術比賽平面設計主題，不外乎為以下幾種：

　　• 環境保護議題：如關懷森林保育、海洋保育、垃圾問題、森林與物種保護、瀕臨絕種動物保護（例：瀕臨絕種的黑面琵鷺）、空氣

汙染、二氧化碳、氣候變遷異常、暖化危機警示、遠離捕獵皮草與鯊魚或活海豚、賞鳥祭、賞鳥博覽會、爭奇鬥豔的植物保護、與蝴蝶共舞、愛地球活動、節約用水、永續生態問題、大自然與科技和諧、工業樹、愛護地球資源隨手做環保、核能汙染、濫伐砍樹、山坡地過度開發、愛樹種樹、土石流、童年四季等。

‧日常生活保健：如健康戶外活動（自行車、衝浪大賽）、健康主題、食安問題、飲食健康、戒菸問題、衛生健康、保護視力、生態保育等。

‧愛護動物、關懷生命的情懷：如人口問題、流浪貓狗面向問題、還牠一個家、流浪的悲歌、流浪的心聲、動物輓歌、動物保育、何處是我家等標語下的主題呼籲。

‧在地文化形塑：文化部推展的面向，強調生活美學與在地文化形塑，因之如同社區總體營造之觀念，有關懷居住空間、愛鄉土、城市觀光形象、鄉土民俗活動（台灣偶戲節）、傳統民俗活動（如新虎姑婆）、地方節慶、煙火節、廟口美食、民俗技藝、台南鹽水蜂炮、地方文化藝術節、原住民祭典活動（如飛魚祭）、廟會真熱鬧、廟前陣頭會、陣頭之美、花氣襲人 ― 傳統花布走秀競賽、媽祖文化祭等主題表現。

此外配合旅遊觀光、城市形象意象之目標而進行：如旗津逍遙遊、東港迎王祭典、原住民文化祭、高雄景點、大武山之美、大樹荔枝節、台灣之美、印象之美、高雄心樂園、看見台灣、熱氣球嘉年華等。

‧主題策展海報設計：如布袋戲偶展、十二星座展、十二生肖展、

年畫展、台灣農業問題、台灣水果行銷問題、恐龍大展、原住民生態展、珍奇魚類展、高地建築特展、變色龍創意展、創意成語畫、正義心思維、多元的主義等。

‧ 青少年問題：如舞動青春、青春問題、援交、性安全、性侵害、升學壓力、校園暴力霸凌、受虐兒、青少年網路成癮、沉溺電玩、時尚問題、穿衣美學等宣導。

‧ 社會問題：如家暴、人口老化、阿茲罕默宣導海報、甜蜜的負擔親情之問題、低頭族、社會愛心、家庭愛、名牌迷失、酒醉駕車、12年國教等問題。

觀諸以上所呈現主題，恰恰反映出台灣社會現況，然除了環境保護議題之外，較少有國際觀之問題，或反應戰爭、人權、迫害、宗教主題，或反思自我認同問題、政治批判、公民運動改革等。與過去兩岸政治對峙時代，為政治人民服務之標題海報有截然不同內容形式，學生無須去服膺政黨，宣揚政策，或為國家經濟建設歌頌而表達，形成高度的自由性和多元性表現。這當然與我們就學時的 70 年代有很大的不同。我記得我們那年代的平面設計題材依稀僅為：十二生肖、十大建設等主題式的海報設計，談不上所謂的自由表達及更多人文關懷。

2. 設計載體及項目的拓展

近三年全國學生美術比賽平面設計載體不外乎為郵票設計、海報設計、手機殼設計、月曆設計、裝飾畫等，由於比賽項目規定為平面設計，故設計載體及項目的拓展有其侷限性。

3. 素材技巧日趨成熟

　　學生常用之設計表現素材有紙雕、摺紙、剪紙工藝、瓦楞紙等運用、半立體浮貼以實物黏貼（如穀米、氣球、保麗龍、珍珠板、印刷照片相對照、廢棄物、回收材料等）、手繪之表現（如運用針筆、毛筆、自來水筆等筆觸描繪表現）。更有利用水彩、壓克力色彩、版畫效果等表現，在電腦繪圖或影像處理上，高中組以上使用多，形成更簡潔性和科技感的表達。以手繪性的表現則年級越低使用率越高。

4. 傳遞訊息清楚

使用傳達標語則以清晰有力、善用諧音標語讓人印象深刻。

5. 整體創新與美力呈現

　　一般得獎作品要創新創意，構圖結構緊湊、層次分明、主從關係良好、裝飾性效果佳、整體美感、作品或具溫馨或具力量。從以上研究顯示，台灣當今學生平面設計確有其多面性的表現，題材牽涉到創意發展，也牽涉到傳達訊息的感染力。從學生作品題材中看出學生對社會發展趨勢問題的關注，已到了無所不包的境地，既有世界地球的問題，亦有在地觀點的問題。然而如同筆者上述所言，台灣學生需要有更大國際觀，記得千禧年聯合國所歸納未來世界極需解決的問題有如：糧食不足、飢荒、雛妓等問題。許多人曾對台灣現況批評，台灣過多因流於政治選舉鬥爭，而缺乏更多國際事務關懷和參與，然而台灣的慈濟功德會在世界不同角落做回收、幫助非洲或亞洲兒童蓋學校、輔導當地人農業種植，或其它醫療服務等，因此我們學生也有以「渴望 — 非洲飢餓」做為題材的表現，顯示美術教育並非純粹技巧和審美性問題而已，教導兒童或青少年如何透過美術表達，關心生活、社會、

地球，實為美術教育更重要的關懷，美術教育不只作為提升人民美感和造形素養，也拔高為人文情懷的涵養教育，這才能顯出它的深度。

通過競賽平台，綻現美力

　　全國學生美術比賽是青青子衿汲取美感教育後，展現才華的一個平台，亦是觀測我國美術思潮發展的驛站，亦可從而微觀國人在時代的脈動中所呈現的生活美學趨勢，其所涵蓋的文化創意與藝術底蘊對國人美學素養的陶融，極具意義。

　　依我之見，倘能讓創作飛躍學術的框架，與時俱進，推陳出新，則每一次的競賽，都可以是創意的起點，脫穎而出的作品，也不致被得獎與否的藩籬所侷限。創作者可以把瑰麗的想像，匯聚成靈魂的養分，在廣袤的藝術推廣領域裡擔任尖兵，許自己一個充滿美感的未來。

受邀國立臺灣藝術教育館《美育》雜誌撰寫
刊於 2015 年 5 月 1 日第 205 期，原題目為《美術比賽舉措的成就和迷思》
配合編輯要求題目改為《全國學生美術比賽擂台誰與爭鋒》

變異　‧　實驗　‧　創新

─不斷蛻變的變形蟲〈策展序言〉

　　國立臺灣藝術大學於民國 44 年（1955）創始至今達 52 年，創始之時，國內尚無設計科系，於民國 46 年（1957）率先成立的美術工藝科為臺灣第一個設計專業科系。美術工藝科後來配合學校改制的國立臺灣藝術學院及藝術大學，分為視覺傳達設計、工藝設計學系。

　　長期以來，經由本科、學系培育之優秀設計人才，其作品披沙瀝金，可望作為臺灣近代設計史發展每一時期之經典代表作，並見證臺灣設計發展軌跡，變形蟲設計協會即是這歷史發展長流洗滌中，一個卓然屹立、細水長流的團體。

　　我對變形蟲協會認識甚早，遠在民國 63、64 年間，就讀金門高中時，即甚為喜歡寫作，也時有詩作發表，彼時，刻在金門服兵役的臺灣詩人黃進蓮（黃勁連）常送我主流詩社出版發行的《主流詩刊》，該詩刊封面大都由變形蟲協會之一的楊國台設計，後來《金門文藝》第六期詩專號封面，也是經由黃進蓮跨海邀請他設計的，此外，我更想認識在金門服兵役美工科畢業的翁耀堂，高中時，我對藝術、設計、文學有莫大的興趣，後來又在一些美術相關刊物看到變形蟲設計展的作品，那種介於藝術和設計之間的風格其實頗令我著迷，懂與非懂之間，變形蟲設計協會似乎成為我設計的啟蒙。

　　我後來選擇就讀國立藝專美術工藝科莫非也是這種因緣的結果。

藝專三年及至畢業，更有機會看到變形蟲協會的展覽及其出版的畫冊，對其在臺灣設計界的成就，有一種深長的敬意。但印象中十分活躍的變形蟲協會在近些年似乎變得沉寂。

巧合的是這幾年在本學系執教期間，我有幸成為變形蟲設計協會兩位會員蔡靖國、霍鵬程就讀本學系碩士在職專班的授課教授，保持著亦師亦友亦同事之關係，使我十分珍惜這種機緣。因為此故，我正好多所倚重兩位來自變形蟲的學長，希望能補足變形蟲會員與母校設計科系、或其他相關設計科系學校教育發展脫鉤此一區塊的遺憾。

際逢本學系行將成立 50 週年，去年十月因而向霍鵬程校友提出策展《變形蟲視覺藝術展》計劃，力邀該協會來本校展覽，並有《尋找創意臺灣》設計比賽，提供獎金，嘉惠學子。此外，更配合臺灣設計教育 50 年學術研討會，展開變形蟲設計協會的論述。

成立於 1971 年的「變形蟲」至今恰為 36 年，曾經有著近百次國內外展覽的紀錄，並成為臺灣早期能與亞洲地區視覺藝術對話互動的設計團體，尤其長時期與南韓之間有著良好互動的設計交流，更是刺激臺灣視覺設計發展的一項動力。

70 年代早期的變形蟲，強調了「觀念」，這些觀念來自達達主義的影響，從現成物 (Ready mady) 及觀念 (Conceptual) 延伸形成所謂的變形蟲觀念，但即使強調了視覺藝術走向，卻仍介於設計的創意及實驗之間，因之與臺灣早期現代美術的五月、東方畫會相較，殆因變形蟲創作屬性的曖昧性，並沒有如這兩個畫會一樣受到該有的論述及評價，一般評論者都把該協會納入美術設計的領域內，但究其實，最早的變

形蟲是以「視覺藝術」來延伸變形、實驗的,並將之導入設計的創作中。
之所以有此特質,恐怕早期會員皆來自於國立藝專,國立臺灣藝術專
科學校為國內第一所純粹的藝術學府,純粹藝術的氣氛自然感染了美
工科學生創作觀,此外,當時美工科教學課程並非純粹專學設計課程,
教學內容含有純美術課程,加上彼時代的現代藝術新興發展氛圍,如
V-10 視覺藝術群展,展出者雖從事設計、攝影多人,但皆強調了視覺
藝術。變形蟲協會強調了領先與創新,正恰巧與現代藝術反叛體制、
反典範求新的實驗精神吻合。

　　以主題,集體創作,追求藝術觀念,表現技巧自由的發揮,雖然
沒有一個群體的固定風格,但由於會員主觀的喜好與技巧,久而久之
也建立了每位會員個人的獨特性風格,例如:拼貼、插畫,並利用了
絹版的媒材或攝影或實物或電腦……等媒材進行,與商業的機能設計
並不同,多次展覽主題以傳統年畫、中國諺語、世界兒童年、韓國人、
韓國俗談、「Yes,No」……等命題供會員進行創作設計,實驗精神外,
在視覺上免不了回到視覺設計 (Graphic Vision Design) 的風格,以同樣主
題、海報形式,利用插畫、圖案、攝影、印刷效果、電腦效果……等
將作品完整地整理。

　　令人印象深刻的,變形蟲在創作上時時將中國傳統文化元素擷取
應用到現代的視覺語彙上,並賦予傳統文化新生命。當然相對於臺灣
70 年代理想的狂飆之時代氛圍,變形蟲試圖走入國際,與日本、南韓、
香港等國、地區來往交流,對臺灣設計藝術的國際視野起了極大的作
用,衡盱當前,很難再有此種又具藝術性,又多元領域,拓展國際交流,

傳統與現代兼具的協會出現。

　　變形蟲協會予人的印象究竟是設計的，即令它曾經界線模糊，可能是畫會，可能被扯入「裝置藝術」、「現代藝術」、「版畫藝術」，並且該協會之展覽大都安頓、棲身在各個曾經名噪一時的畫廊、或美術館舉行，但變形蟲協會尚在，或離開的會員亦都還是堅持本位在各個設計行業中，他們啟發於我或他人的，無論展覽作品、專輯出版品，或業界完成的作品曾經都是一種視覺衝擊和洗禮，它的成就，可能一時被忽略了，但其走過的痕跡不會在臺灣設計史中淹沒。

　　2007 年的變形蟲正籌組成為《臺灣變形蟲設計協會》法人組織，將定位未來走向，我們且拭目以待其後續發展。

2007 年 10 月 20 日脫稿於國立臺灣藝術大學

1994 海峽版畫交流展海報
（霍鵬程設計）

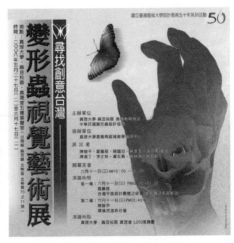

2007 變形蟲視覺藝術展海報
（霍鵬程設計）

輯五

獨自棲息於藝術結構下的話語

張國治 2018.8.

鳥雀棲息鳴叫於城市鋼筋結構的話語權
—黃光男水墨畫中的傳統與當代

　　去年酷暑，先後參觀兩個展覽，一個7月底「臺灣美術院書畫藝術展」，另為師大德群畫廊「當代圖紀—兩岸藝術特展」，貴為策展人的前藝術大學黃光男校長開幕完後，請他挪移至某幅畫前與之合影，我一不小心脫口而問：「此畫是多少年前舊畫？」未料，黃校長霸氣的說：「最近畫的！」我接著說：「與臺灣美術院書畫藝術展出的作品正好是極大的對比！」他跟著回應：「都是最近畫的！一個屬於傳統給我的黃光男，一個是當代的黃光男，都是我的！」灑脫、直言！說此豪語的黃光男一點都不令人意外，一個傳統一個現代，同一時空出現。從藝術的傳承與創新觀點、後現代的古典與現代並置、拼貼觀點下，誰還去遵循傳統的筆墨形式及精神教養？偏偏，過去臺灣的現代水墨畫論戰，當代還在持續爭論的現代水墨畫表現，無論去形神兼備的傳統訓練走向西方寫實方法之寫生創作方式，或完全丟棄筆墨傳統走向多元技巧之抽象精神視覺表現？這些尚未有絕對性定論的當下，藝術家也沒甚麼焦慮早已逸出這些論辯之外各自搞各自兒的。

　　黃光男即是一例，在水墨書畫藝術創作上他並未有丟失傳統，他的創作工具還是傳統筆墨，亦屬於傳統棉、宣紙材的平面載體運用，而裱褙的形式更還是卷軸和鏡框。然而，也許身兼臺灣早期的臺北市立美術館館長之職，使他能夠接觸最前衛和當代的藝術並使之在美術

館發生，之後又身兼傳統歷史博物館館長，在長期對古文物的保存和維護下，他亦能體會傳統根深精髓之可貴，這種出入傳統和現代之間使他保有較活潑的思維，一方面活在快速進展變化之當下所帶來的啟示，另一方面生活在可鑑識的傳統文物歷史脈絡下，其實，我們很難說何者為唯一。能夠既搞傳統又當代的創作者基本上雖有些矛盾，顯係某種程度的不安於傳統，但此種自由出入亦值得可敬。

回顧黃光男校長大半生，根本可以藝壇玩家稱之。純正的學院書畫藝術出身，亦兼具國文系古典詩詞中文底蘊，藝術特考行政體系正規出身，歷任臺北市立美術館館長、國立歷史博物館館長、國立臺灣藝術大學校長、國家行政院政務委員、國策顧問，誠如他說的：在臺灣國立大學退休後還能被延攬入閣當政務委員確實很少吧！論著作等身無所不包，散文、遊記、詩詞、文化行政論述，博物館學、美學藝術札記，文化創意產業的觀點著述，他是與時俱進的思想者、藝術工作者又是文化行政實踐者。法國騎士勳章頒給他的理由：因他在推動臺灣與法國文化藝術推動的貢獻是史無前例的。

行政的幹練之外，對文學藝術的熱情與信仰，過人的活力推動著他不斷累積作品。他曾對我個人所選擇：在絕對的安靜中產生力量這樣的態度表示反對，他堅信人是競爭的動物，並認為還年輕時要多在社會競爭。我或多或少也明白了他活力的來源，在每次與他出訪至大陸或國外交流時，機場候機室的候機兩個小時內，他已經畫好並寫滿一本小的札記本，晚上甚少出遊或應酬躲在旅店寫作的他，我們也甚少去打擾他，一趟旅行回來，他的小本手記原稿至少寫滿 2-3 本，這樣

的數字保證絕對跑不掉，當然他的收獲總是滿滿的。

　　這樣的人生絕對精采，但顯然也並非完全這樣的，我所認識的黃校長通常是激情的，是脆弱的，許多時候面對學生事務例如學生遭遇不幸時會直接落淚、哽咽，面對行政不順會拍桌、痛罵。更多時候會自我表揚其對學校的付出和貢獻，但這一切在我個人看來都是藝術家的率真本性，與行政經驗或處事圓融無關，他無須圓融，看他那些屬於當代的作品紅黑、黃黑、黑白對比強烈，觀賞那些屬於傳統的作品，例如參天穿透畫面秘密糾結穿插在畫面上方的巨樹群，反襯出烏瓦白牆的古厝群，高大樹幹、高牆下穿梭著渺小的人物點景（《古厝情》，92╳133cm，2016 年），充滿一種情感強烈呼之欲出的飽滿張力，以情入畫既是對過往生命經驗的拓記，亦是對自然及人為景緻形式張力的掌握，如不是性格強烈率真還真難有此種宏大格局。

　　身處 21 世紀混亂的資訊化時代，堅持古典和傳統或工藝性許是難能可貴的美德，越混亂中越能彰顯其可貴性。但藝術創作有時還是個與時俱進的創新表現，反映時代，形式語彙創新，才能帶出更多啟示。然則黃光男的傳統是甚麼，現、當代又是甚麼？我認為他所謂的傳統應是來自於他在國立藝專時就讀美術科國畫組內所接受的傳統筆墨訓練，無論花鳥、山水畫，無論白描、勾勒、墨骨畫法等，還有更多的篆刻金石書法等無論技法或思想的教養，但這還不夠，他後來在高雄師範大學國文系的古典中文詩詞等的涵養，更豐富了他的傳統基底。如就我個人的歸納，他這個傳統除了上述各項所接受的傳統訓練之外，我認為還有一個他成長經驗的原鄉世界時時刻刻糾纏著他、縈繞著他，

讓他揮之不去，亦即他的生命底層壟罩在過去農家貧苦家庭成長，卻有著濃濃人情味的眷念及溫情，使他無論身處何時何地，那個刻骨銘心原鄉情懷會再跑出來，成為筆下眷念的題材內容。那濃得化不開的鄉情、農家經驗、內容，付諸形式的是筆墨運用、布局、經營位置。2014 年 11 月黃光男於國父紀念館舉辦《黃光男－世紀水墨》展，在其畫冊中他揭示了他的創作理念一：物象靈化、文化傳承，他說：「新藝術運動揭櫫旨意，思想與見解暨立人類行為再造的力量，我曾在國際當代藝術發展中，深切體驗到藝術創作的現象，已由視覺形態朝向心智消長過程的演變，儘管很多作品仍然保留了傳統藝術形式，我們仍然要在社會意識的衍生，釐清物象靈化為心象的過程與表現。」[註1]在可見視覺形態之外延伸為心智消長或作品仍從社會意識中衍生，最終又回返心象的呈現，使他的作品仍保有情境交融的詩意傳統，然許多作品卻又從社會意識中衍生寓意，寄情或諷諭於畫面，更多也是傳統田園生活的眷顧或謳歌，例如那些重複出現的鳥雀、老樹、落日、滿月、瓜瓞綿綿、合家歡的雞群、柳、群鶴、老樹或荷葉下的鴨戲、紅磚牆角、竹籬、溪石、桃李櫻花、蔬菜瓜果的豐收、山居的紅黑瓦舍，均有他揮之不去眷顧的童年少年農家經驗，然後賦之於繁複飽滿的視覺畫面，一再重彩的紅、藍、綠、黃等顏色在黑白配置點染中更顯視覺的張力，只是不免疑惑先生臨老的豐沛色彩，究竟來自於過人的活力，或純粹只是對過去農間生活美好的眷顧與草根旺盛生命力的彰顯，或係轉化為更現代視覺感追求表現。

　　跟西方的現、當代藝術揚棄視網膜經驗的純視覺架上形式走向空

間裝置等思考，或不斷推翻舊美學顛覆既有典範的創新意識不同，黃
光男始終未曾丟棄傳統筆墨紙質及裝裱形式的運用，更未離開抒情表
意題字落款鈐印的傳統做法，那麼黃光男的當代又是何種意味，何種
思維？我認為在於游離具象與抽象交構，逼近三原色（紅、藍、黃）或
對比色（紅、綠）以及受構成主義或風格派在色彩及圖形構圖比例的運
用（黃金比例的分割）和平面基本點、線、面元素的運用（從傳統的山
石點染皴擦轉換成現代的色點、線及大面刷蓋），在美學要素對比下的
顏色運用如黑白、紅黑，或量體的大小、高與低（巨高的樹與棲居微小
身軀的鳥雀），心理感受的崇高與卑微，然則這些能夠接續所謂國際的
現當代嗎？回歸過來面對傳統水墨的傳統，才更符合他所說當代的黃
光男，以及相對於水墨畫畫的傳統或中國文人畫的傳統，黃光男顯示
了他異於傳統的當代性？觀諸，臺灣的水墨藝術發展，從劉國松打破
傳統水墨畫形式建立現代水墨畫精神之後，至今產生了諸多新形式與
新面貌，跟著題材內容也不斷翻新，以前傳統中所未曾入畫的題材都
起了變化。黃光男的思維跳躍得快，因之他自述中的二：社會意識、
世紀美學中說：「基於藝術創作在於心智修為與情思精煉的理由，我
慶幸有很多的環境、時間給予進展的條件，其中作為現代美術館的執
行者，對於國際藝壇的變化，從二十世紀到二十一世紀的思想路線到
當代藝術所標示的社會運動為題目時，反思傳統美學構成要素，在於
文化乃是社會真實呈現為基礎，那麼藝術便是反映社會意識的現實性
素材。」[註2]在所謂的「社會意識」中他傳遞了甚麼社會訊息？這不外
乎「善心」，而「世紀美學」他所採取的多為比例結構的視覺形式，

走向圖像構作，類如上世紀荷蘭風格派（De Stijl）皮特・科內利斯・蒙德里安（Piet Cornelies Mondrian，1872 － 1944）的比例分割，只不過從機械冷的理性黃金分割比例轉為手感筆墨大筆刷染的感性調節，帶著那麼一點裝飾及符號性，橫幅走向的視覺拓展，再以書寫的文字妝點其上，描寫四季的感受，此外類如〈嘉南平原〉一作中的山形曲線勾畫與點點相疊綠平原碎形，與幾乎成為裝飾紋帶的碎形多彩屋舍，點綴於大面墨染的大地情懷構作中，這樣的形式在當代水墨畫壇中絕無僅有，這應是延續於前些年數次展出的視覺形式表現，共同成其所謂的「世紀美學」。

　　黃光男先生的水墨畫絕對是屬於溫暖和熱情的特質，既傳統亦當代，其人也是。我以「鳥雀棲息鳴叫於城市鋼筋結構」為他的作品做了一個強烈詩意象的註解。

**2016 年 8 月 12 日初稿，2017 年 5 月 28 日續寫，2017 年 7 月 18 日脫稿
刊於 2017 年 8 月份《藝術家》雜誌 508 期**

註 1：黃光男，《黃光男 - 世紀水墨》，國父紀念館出版，2014 年 11 月，頁 23
註 2：黃光男，《黃光男 - 世紀水墨》，國父紀念館出版，2014 年 11 月，頁 73

論何馬先生的壽山石創作

創作是涉及到創作者理念、創作背景動機、還有思想情感表現的綜合活動，從形式內容、技巧方法等要項可充分檢視一個創作者的創作脈絡及成果，當然創作者在意念、創意、創新點之表現及其風格的獨特性之呈現，亦成其是否為「大家」之關鍵。

何馬重視作品形式與內容的創新，其表現形式在某些創作中經常採取誇張變形手法，如〈老荷心中〉將人體拉長，或只雕刻局部，如〈笑〉以雙羅漢一張一閉嘴歡笑的神態誇張表現，〈漫雕人物〉以壽山花坑石於曲面略刻人物笑和苦之表情，達到「一相抵九工」言簡意賅、會心一笑的傳達效果。或〈踏著紅塵〉之簡化純講究形態之表現手法，有意到工不到之新境界等，創作了所謂更接近現代極簡或流線形的作品。

何馬視壽山石雕刻為自己雕刻藝術表現的媒材之一，他也從事其它寶石或木材雕刻，但其根本路徑是導入新的創意和觀念，新的模式和新的設計更產生了複合媒材的概念，作品如《超於象外》將杜林石和木頭結合、《含苞待放》以善伯石和木材作構成式的空間建構，《吼》將壽山高山石與煙熏過的木材作節奏式的疊架組合，而在《祭》中除壽山芙蓉石人體充滿動勢的光潤感質之外，並依附在木材紋路結合略似青銅圖騰的對稱造形及不規則有機台座，以《祭》整體形雕表達謝天謝地之意。

　　何馬更重視壽山石的創作思維，時有撰文整理其對壽山石雕刻此一產業的創意變革之意見，當然免不了也反映出其苦悶和困境的所在，然最終在其作品中卻不時流露出其夢想和對石頭所賦予的溫度，確實令人有所感悟，更可感受某些作品所呈現的詩意所在，除此之外在其作品中，他不免亦如其他工匠一樣善於運用壽山石獨特色澤紋理，去進行物象的形態演繹，所不同的他有多數作品利用了巧色變化而臻入抽象之形態結構，亦採極簡風格達到少即多、意在言外之手法表現。

　　何馬從某個角度而言，亦可視為具有學院傳統和現代意識相容能反映新一代創作立場之一份子，其在雕刻藝術的創意轉型上，已不再只是依靠傳統技藝的世襲、家傳或師徒傳承，而是充滿其對人文關懷和世界的觀察，以及對生活的熱愛和生命的體悟，對文化藝術有更多思索，依此會有機會將壽山石此一傳統產業活化、激化為更有生機的面貌。

　　我誠心祝福他的筆力更加遒勁，創意更自由，形態更圓融，展出亦成功。

寫於 2016 年 10 月 18 日

閉關與出關之後的山高水長
—序《畊墨蛻懷—邵文虎書畫個展》

　　文虎先生之尊翁想必是位具有前瞻性及素養的長者，從為文虎命名及為其所安排學習書畫以教養之事蹟約略可得知，「猛虎」、「虎虎生威」、「虎視眈眈」原是漢字裡形容虎這動物的特性：陽剛之氣、活力、精準、勇猛，但加上「文」一字便產生了文氣，「文虎」恐類如「文武之才」含意，更有了文氣。人父對其子女的期盼從其為子女命名可感知，果然如此，文虎尊翁於文虎 11 來歲時便為其鋪好他這一生要從事書畫藝術創作和勇於探險的不歸路。

　　2017 年 1 月剛辭世的英國作家、詩人、劇作家、對當代藝術頗具影響力的文化藝術評論家約翰・伯格（John Berger，1926 － 2017）其名著：《影像的閱讀》在〈為何凝視動物〉就開宗明義地談到：動物在看人時，眼神是既專注又警戒的。同樣的，動物在看其他動物時，當然也可有此種眼神。[註] 動物的凝視 (gaze)，一如攝影家的影像捕捉或其它藝術類型的創作都離不開一種觀看的方式及其對創作對象的專注，凝視是一種觀看的專注，透過觀看的策略方式，既需要聚精會神狀態，更要從其中能夠產生心領神會。

　　約莫 4、5 年前我初識邵文虎先生，在華航附設的一家餐廳內，我從他略少幾近沉默的話語聽得出他的書畫傳統學習背景，自小習傳統筆墨受之於多位名家之下而奠基有成，且表現突出，亦頗受黨國元

老梅喬林先生賞識收入門下，成其關門弟子，然而自此「一閉關即40年」。彼時初識文虎的時候，我並不太意味到他的：「唯一關門弟子」之何謂？然初次見面後，似乎也應證了他的閉關哲學，我與他即如失聯的陌生路人不再聚晤。去年也僅聞其在前年已於孟焦畫廊舉辦了首度個展，我未知曉因而亦未躬逢其盛，頗有悵然之憾，金雞年丁酉新春之後，因著他即將於國父紀念館逸仙藝廊八月個展事務的諮詢，我與他見面相聚次數相對多了些，始明白其人生際遇，閉關出關之深意。

　　40年之封筆使他不再接觸藝界，然其早年傳統根基穩固，相對於現階段臺灣水墨畫發展及教學面向，個人更覺其可貴之處，對藝術之熱情在其自人生現實職場退下後更顯熾熱。文虎早期從傳統四君子入手，筆法厚實、圓潤、內斂、凝重，書法上從基礎的框架式書寫訓練，無疑地完成了傳統書畫所要求的奠基，然而我猜想傳統文人「閉關」應非係指完全封筆之意，或僅於藝術沉潛修為而已，應是要求個人拒絕名利並經得起藝術苦修考驗的儀式感，也是一種人生恬淡自得人文情懷養成的歷程。閉關對我個人屬於少閱聽聞之過程，亦令人匪疑所思，而我只能以自己的見解做為補註吧。

　　此外，從另一個角度來看，從事藝術若能夠遠離名利之誘惑雖可取，然藝術家若不經人世間水深火熱的沉淪歷練，也很難有其深刻觸動人心的氣魄，張大千固然蹲守敦煌潛心臨摹佛造像之美18載，然出關之後周遊各地，美人、美食、美居、美情一樣沒少，文虎誠為現實經營有成的事業家，應也未完全屬於閉關出世思想作為的人，我個人以為他停筆多年，一旦職場完全退休下來能夠四處走動遍遊名山大水，從靜觀自然之美及變化，加上生活恬淡自得，走向現今無論書法的靈

動，或紮實山岳的書寫構成，或花草熱情色彩的展現，我以為這才是真正的隱於市！

閉關出關或可轉譯為人生態度的入世與出世，我個人經常以為真正藝術家是「入於其中，出乎其外」。

就從他所謂的 40 歲閉關期滿說起、2015 年他舉辦「墨韻心畊・邵文虎書畫展」至今年「畊墨蛻懷－邵文虎書畫個展」首先此兩次個展均有心畊、畊墨一詞，據文虎說此二者均為其尊翁之名號，墨韻、畊墨更有其汲汲耕耘於水墨創作之意，從心做起，以及蛻懷中的蛻字乃有蛻變、脫胎換骨之意。此乃符合他從傳統走向現代水墨畫耕耘的期許，並以此紀念其尊翁從小為其找名師教畫，對他栽培的期許。

我個人很喜歡文虎畫竹，這些墨竹一如他的字：胸中無俗氣，筆底有清風。這是當代很難得的一股文人氣。這幾年他偏愛畫山水，畫潑墨黃山、寫黃山勝景、但亦無自棄於鄉土的擁抱，從看見臺灣之美捕捉玉山雄渾之姿，然畫紙上他的皴法既非純粹之披麻皴或斧劈皴畫法，反而是以較自由皴擦染手法處理山石土堆的體感和明暗變化，顯現筆墨的精實表現。其它也處理一些花卉表現，如紅花系列、黃金雨、紫藤、綠荷等，嘗試更現代性的視覺經驗作品呈現。

邵文虎的作品有傳統的基石亦有其創新之處，但他的閉關未免太久。幸好，此刻他出關了！我們才能看到他的精采之作，他的山高水長天地寬。

2017 年 5 月 7 日寫於新北市
收錄於 2017 年 8 月 4 日出版之《畊墨蛻懷 - 邵文虎書畫個展》畫冊

註：約翰・伯格（John Berger），《影像的閱讀》（About Looking，劉惠媛譯，1998 年 3 月 1 日，頁 5）

符號人下隱喻失重的世界

一、符號人隱性的話題

居於 21 世紀這個大數據化時代，我們一直在被訊息所攻佔，後現代之後的互聯網時代，所有的人事物變得如此不真實，所有的一切變得更數據化、符號化，也更充滿複製性。所以讀藝術家原作，雖是理解感受藝術之必要，但仍然令我們感到一些困惑。

不錯，我們存在的世界變得更符號化，從索緒爾 (Ferdinand de Saussure)、到李維史陀 (Claude Lévi-Strauss) 到羅蘭‧巴特 (Roland Barthe)，從符徵、符旨，從能指到所指，從結構到解構，從視覺文化到流行符號到深層文化隱喻！我們無所逃遁符於其所圈指，我們所思所感變得更加的符號性、複製性！但符號性沒有不好或貶抑之謂，人類從文字發明之前就是以視覺符號作為溝通傳達為開始的，東西方的文化長時期都建立在符號和圖像的傳達和詮釋之間，展開其漫長的論證和思辨。上一世紀八十年代至九十年代間，歐美文化批評界，所沿用的現代符號學，其濫觴源自索緒爾（Ferdinand de Saussure）的教學講稿《普通語言學教程》（1916），索緒爾將語言符號分成意符（Signifier）和意指（Signified）兩個互為表裡的聯結之後，確立了符號學的基本理論，以此用來處理系統的分析方法學，盛極一時，影響了後來李維史陀和羅蘭‧巴特等法國結構主義的學者，乃被譽為現代符號學之父。為研究

文化符號或者意識型態的學者，提供了有效的符號學系統。[註1]

　　我一直在思索關於何燦波畫作之解讀策略！也試圖回顧並導入符號學做為何燦波畫作論述之基礎，然而某天，一覺醒來，我突然想到何燦波畫裡的那個無五官的人形符號，像極上一世紀第一次世界大戰期間形而上學畫派創始人喬治·德·基裡科（Giorgio de Chirico，1888 － 1978）畫裡的無五官人，或如英國雕塑家亨利·斯賓賽·摩爾（Henry Spencer Moore，1898 － 1986）其創作中最著名也最受喜愛的防空洞素描作品，在二戰期間目睹了諸多慘狀和恐怖景象之後，他以畫筆速寫描繪了在臨時地下防空洞瑟縮蜷曲的母親形象、擁擠在一起的倫敦人，簇擁在黑暗等待著炸彈降臨的悲慘景象。反映出不列顛人民在大空襲中的強韌與堅忍。如同一座甬道般或活人的墓穴中一起被埋葬的人群，眼前一片漆黑，莊嚴肅穆的地下抵抗場景誠是最動人的刻畫。[註2] 更或者也令人想到：臺灣藝術家夏陽 (1932 －) 筆下所創的毛毛人，在錯亂交錯的粗細線條中，非人非物的線團，擬像出類如中國民間道士的畫符，純粹以線條組構成人形，以文字召喚力量，其短促顫動的線條勾繪出沒有面容及性格所在的毛毛人，更沒有特定場域彷彿存在於似有若無、飄忽的世界，標示著東方 帶有「逆旅」、「人世間人是短暫過客」的東方哲理思維，其符號毛毛人更強烈象徵著「異鄉人」的深層隱喻，隱喻了自身幾經顛沛流離暫居異地、他鄉漂泊無根的苦楚！

　　無論基裡科、摩爾、夏陽等等那些雖具有人的輪廓卻都模糊不清或不見其明確五官的創作意圖，我想一言以蔽之：都指向一個存在失去重量或過重的世界，逼迫得讓人只存有於模糊的狀態，方得稍稍紓

解於這個連隱喻都顯得過於失重世界的可能。這樣的感受來自於藝術的直覺，更沉澱為哲學的思維。

啊！我竟然無由倒抽一口氣！發現原來每天起床後即端坐在電腦螢幕面板打字，對著工具列按插入指令之「符號」列造形，我渾然不覺其本身不就是一個人形頭身？我每天在鍵盤所按的「符號」列不就是何燦波畫筆下的符號圖像人？然而他的圖形符號倒底源自於此，抑或是一種原創構思的不謀而合？我不得而知。總之他是否想要創造一批具有符號及複製性的無臉人，藉著如電腦軟件中可複製性的人型，以此將之視覺化卻又不落言詮進行另一種符號的隱喻及批判？如果是的話，那麼「符號」及「複製」對於他的創作基調何其重要，對於身處 21 世紀資訊化的人類又是何其大的嘲諷？我不曉得這是不是何燦波畫作初衷？還是我過於一廂情願的解讀？

何燦波的水墨畫顯示其作為當代藝術之存在理由性，其一為其所顯示的當代最大的徵兆：複製性，而這複製性並非指他的畫作可以不斷的被複製，或其中的內容呈現是過複製手法呈現的。主要的還是指其以符號具，進行符號的批判，符號在當今大量被複製的現象。

將頂格不入的訊息符號植入於水墨畫裡的抒情（又或者這也不是他使用於畫裡的原始來源和構想，但現今的時空，本來就是一個符號容易混亂和錯置亂碼的世代，又何妨？）傳統筆墨徒手的感性，及充滿濃淡明暗層次的肌理，時代下不可逆的符號重製，透過畫面上的方向、重心等形式，演繹出身處複製性時代符號宰制下的符號特徵及隱喻，是拒絕隱喻之後的深層隱喻！

何燦波的符號人直指我就是符號，或深層隱喻、隱性的話題，暗指無所不在的資訊符碼人的物化有其荒謬性。

但他似乎善意點醒我們、叫醒我們，人類亙古以來種族的繁衍，似乎指向未來的人類複製工程，其空洞性的複製也將我們拉到托馬斯‧斯特恩斯‧艾略特（Thomas Stearns Eliot，1888 － 1965）的《空心人》詩中的隱喻及批判。

倒底是一種巧合或從電腦直接挪用出。打開電腦符號的巧合，其原創性為何已不重要。當符號不斷被人複製使用、重置，意義增生或消解、延異。我們都存於一種機械式的複拍動作狀態中。

二、新水墨形式與內容的思辨

然而手繪的肌理材質存有感將我們拉回一個更古老、充滿可感可呼吸的存有世界。中國傳統繪畫裡毛筆和紙的柔軟、墨的渲染及擴張性，既能起到移情作用又可藉傳統移動的視覺觀點，讓意象遊走，讓空間解構組合。傳統筆法的皴擦點染或傳統符號中的點與線與大塊的墨面，沒有了理性的框架與制式的套路，其實是可以使用於當代水墨創新表現的。

我對中國的當代藝術發展並不陌生，但對中國當代水墨畫的發展，一直有著某種複雜的情懷，相對於其如何展開所謂的當代性，也始終好奇，特別是當代中國藝術家仍持著傳統筆墨，進行所謂當代語彙的水墨藝術‧存在著心懷異樣心情的期待。

　　看了幾十年臺灣對現代水墨的論戰和實踐，似乎更存在著隔岸觀火濃烈好奇之心，想一窺中國當代水墨的進程面貌究竟為何？

　　初探何燦波的畫，對我而言，起到一種異樣的觀感，這當然不能稱之為異國情調，但對我而言顯然是一種新的「畫意風」水墨畫。水墨評論者往往動輒以是否能革新傳統、創新樣貌為基準來論斷中國當前水墨問題，其中所謂的現代性，還是以西方現當代的顛覆傳統創新學派為主軸思想，以作品是否具有觀念、實驗創新及表現議題等面向論斷一個水墨畫家的創造性？這其中還端賴是否能去掉傳統筆墨紙硯，或去其長期以符號堆砌及其傳統藝術精神來做基準，即或不是，也視其畫面操作是否有所謂的新感性、新手法、新形式、新視點、新佈局或新筆墨材料而定，但衡諸這種浪潮下、中國的水墨顯然對於議題的批判性是較少的，並且我個人也認為例如象由心生、情隨意走、天人合一及靜觀自得等種種藝術精神及美學的制約並非為是一種傳統老套，反而更有其現代性。在中國筆墨表現的手法的提升或對於題材的布局營造，或將形象刻意的扭曲變形，或在畫面極度的裝飾化、唯美化，顯然是較多畫家在努力的，這當然原係筆墨本身就是一項營造氛圍、容易渲染畫意的材料工具，老子講柔弱生之徒，在我看來筆墨這樣的一種傳統材料是有其不可取代性，臺灣過去的現代水墨畫發展之始，首先是棄其筆但並沒有去掉墨的運用或重彩的發揮，且顏料採用的也不是傳統礦物質顏料而是西方進口的壓克力（丙烯）材料，但此類代表畫家如劉國松等充其量只是以拓墨或揉搓紙張使之產生皺褶的技法運用而已，至於所謂表現人類登陸月球對於新世紀的想望，這種標其新

立其異的做法，如今看來也只是一種視覺的新形式創新，骨子裡還是中國傳統墨及重彩的使用，更不用說的從其畫面上所謂月亮的仰望及表現，亦不過是還原於中國傳統中詩境與畫境之精神折射及呈現，例如窺月、望月、賞月、玩月等傳統文學意境之精神，或如「見山是山・見水是水」等的禪境發揚光大或操弄而已，本質上與西方的現代性、顛覆性、批判性、諷諭性、諧擬性或模糊性等無關。我個人倒認為那只是 20 世紀或 21 世紀中國人所呈現的一種新畫意派，而這種新畫意與個人在現當代所處的時空感受之意象性投射有關，且在其形式無論以誇張或變形等手法去進行。

如果此論點是對的話，我其實是很樂觀來看待兩岸的新水墨藝術形式發展。因為談及筆墨中的「意象」或「畫意」，象由心生、形隨意轉，正與西方現象學的意象性脫離不了關係，「存而不論」或海德格「詩意的棲居」，早已在中國境內深植人心。

三、何燦波水墨畫作為當代藝術特質所在

何燦波原係中央美院畢業的研究生，之前則為雲南藝術學院水墨本科畢業，後受日本文部省特聘作為海外藝術家在東京研究藝術，更數次去歐美參加展覽和遊歷。談及中央美院的學習經驗，他認為這僅僅讓他看到了傳統和現代在教學內部中的較量而已，當代性有一個逐漸被認可的過程，但依舊存在著諸多問題需要被論證和解決。這和臺灣學院的水墨藝術發展倒為一致，中國水墨畫從所謂美術學系的國畫

組獨立出來，發展易名為書畫藝術學系，從本科研究生到書畫創作理論博士班的一條龍教學培養，顯係了兩岸對於中國水墨書畫藝術傳統的保存及重視，但兩者皆面臨著傳統和現代在教學拔河或較量的問題。個人覺得任何學院的吸取養分都是有限的，何燦波雖有其良好深厚的學院基礎，無論是學養或本科系的水墨傳統訓練。但他曾自承這些傳統或學院的訓練於他已無意義。何燦波進中央美院之前，即已累積自己長期研究的實力和專注自己的體系。透過不斷演進作品的主題，一次又一次的結構、建構、重構和解構。亦即從何燦波的例子，讓我們檢視了學院內一次又一次重複的傳統技法和創作教學的關係，其實和畫家最終走向當代性是不大的。最終作為一位當代性的水墨藝術家有某些部份是要與傳統表現形式切割或斷裂的。

　　但與別的學院畢業生或現今專業之畫家所不同的是他的詩人身份，加上他對於攝影影像藝術特有的紀實性、見證性、敏感性及其美學運用，促使他的水墨畫走向創新面貌，亦更顯其自由度。我在他的畫裡看見了他以極簡而知性的墨線畫出類如三角錐或四方體等立體框邊而實際內空的幾何造形，試圖在漫無邊際時空及漫延擴散的筆墨渲染中建構一個知性的維度，這無疑的不只是視覺的對比也是思考維度的宣示。這些結構式的符號造形原來就存在於西方的思考向度裡，例如古希臘的黃金分割比例研究，或塞尚的幾何結構或包浩斯的形體表現觀點：一切的物體皆由圓球體、圓錐體、圓柱體、方體所構成。何燦波挪用了這些符號，置入水墨畫中，特別是傳統中所未曾見過的符號，是其思考形式符號下的結果。另外作為當代水墨另一個明顯徵兆是他

並未採取傳統表意、言志的最初傳統方式，即在經營位置畫出主體之後擇一適當位置，以書法字體書寫題字落款蓋章，賦予畫面另一種傳達的說明。他曾自承過去這些傳統形式與他無關，他未曾在畫面上鈐刻落款題字，而是直接在畫面上直指心中表現意指，如按此途徑，那麼這樣直接回到畫面上的創作源頭，或然也是更靠近西方繪畫以視網膜為出發考慮的視覺載體表現，稍一不慎便會走進以圖表意、插圖說明的誤區，但顯然不是的，其畫作看起來充滿更多類如冥思或引人反思的哲學思維及符號隱喻。也唯其畫面的隱喻性促其庶免於當前中國水墨諸多偽文人畫或過度矯飾的風格，而能彰顯其特有面貌。

水墨渲染及重疊筆意的效果做得相當突出，墨與墨蓄意或偶然的碰撞交疊，擴張為一個較大平面空間的延展。無論從「俄狄浦思之眼，浮游的變相、虛擬的山、幻滅、無知的自知、自由、餘燼、啟示系列、告別孤獨、時間的畸變、夜觀、孤獨存在之感、淚之路，炎上、建構與可能、穿越星際裂變、穿越哲學的行旅、最後的荒原、意志之尋、新大陸，現代主義風景、綠的意，藍、預見、半坡松花、148 聖與 24 門徒、哲學、天使之眼、牙祭、玄雲列降、奇觀海上、保羅的來信、《柏拉圖洞穴《Plato's cave》、無閃爍的圖像 Flicker-free images、啟示系列、銳角的美學……」等之命名，看得出作者業已無傳統思維之束縛，更看得出從西方文史哲學的閱讀面向，簡而言之：作者在文化教養思想在某方面受到西方影響多於傳統思想與情感命題，更是一種受到西方現代詩或哲學歷史經由閱讀後影響的結果，皆在揭櫫一個漫無邊際的思緒，我認為從這一系列作品命名即可看出作者創作思想的自由，最

終已無傳統水墨之題材或形式之問題，完全一派現當代創作解放之方式。更何況他所使用的媒材也包括水墨宣紙、粉彩、丙烯顏料、金粉等，亦有異於完全的傳統媒材之表現。

何燦波以多媒材多形式的符號面貌透過混合、並置、渲染、疊加及多重的複合形式產生迥異於傳統的語彙、符號及異質性紋理。對於何燦坡而言，當代性的水墨絕不只是重塑過往的符號，創作動力並非只是對傳統的眷懷而已，系列作品充滿對世界的隱喻、以及對歷史的觀照或當下時空的批判反思、解讀神話寓言或預言或作詩意的聯想。

從當今全球化與資本消費時代文化背景下，人與人的關係，其共存與快速、短暫的薄而脆弱關係，究竟非中國傳統過往文化深厚的依存關係，這也是中外不同體制社會都會面臨的社會結構和特徵，米蘭・昆德拉 (Milan Kundera，1929 -) 的：《生命中不能承受之輕》「如果我們生命的每一秒鐘都有無數次的重複，我們就會像耶穌釘於十字架，被釘死在永恆上。這個前景是可怕的，在那永劫回歸的世界裡，無法承受的責任重荷，沉沉壓著我們的每一個行動，這就是尼采說的永劫回歸觀是最沉重的負擔的原因吧。」就現實與未來社會人類的困境，讓我更有感於科技的複製性，促成了人類某些能力的喪失，像李維史陀 (1908 - 2009) 所言的：「嫡的消耗」。

何燦波畫中的「符號人」飄浮在空中，沒有著力點，沒有特點，既不像十九、二十世紀或現代的氫氣球有著陸可控制的時候，他們像沒有著力點即特點。人的無力感和不確定性，現代人的生活彷彿置身流沙世界。哲學、宗教，以及原生文化，都在符號化和表面化，被簡

單的重複消費，人的物化與虛空成為社會新的景觀。如此說來我們似乎又回到二十世紀新法蘭克福學派赫伯特・馬爾庫塞（德語：Herbert Marcuse，1898－1979）其文學視野：《美學的面向》中所探討的，資本主義和科學技術對人的物化和異化。他認為現代工業社會技術進步給人提供的自由條件越多，給人的種種強制也就越多，這種社會造就了只有物質生活，沒有精神生活，沒有創造性的麻木不仁的單面人。

馬爾庫塞在《單向度的人》中，指責藝術的大眾化和商業化使之成為壓抑性社會的工具，從而導致人和文化的單向度。在《反革命和造反》裡，他強調藝術既是一種美學形式又是一種歷史結構，是充滿詩情畫意的美的世界與滲透價值意義的現實世界的統一。（註3）

人在工業化的生產線上所被物化及異化的那個夢魘裡，惶惶終日不得安居。文化工業不只無承諾，也無鄉愁。古典浪漫主義的「鄉愁」在批評理論是以「回憶」這個概念出現的，何燦波畫作總讓我想起他在畫裡的「多思多感」或者說他也有著一種古典浪漫主義的「鄉愁」，但他畫裡的意象不會只是一種「回憶」或「鄉愁」而已，若有，也只是藉著成群複製人漂浮呈現一種含糊的迷路或不知所云，這或者也如詹明信所說的後現代症侯下的不確定、邊緣性。隨著中國大陸人口的數字在世界上的優勢產生了急速的發展和變化，年輕人在成熟社會的型態會逐漸趨向全球化和國際化，整個社會顯然存在實驗特徵和虛造辯證的過程，也建立在過去世界的現代化成果上。全球化失去本土化，符號化複製性也逐漸失去人的原生和心靈的厚重凝結，何燦波畫中的「符號人」是否成為預言呢，應該是的，在這種危機下，幸好，他沒

有丟掉中國傳統水墨的載體：筆與墨與紙，可能還有硯台與水洗，儘管他一而再表述：他的創作與傳統技法無關。

在我所熟知的何燦波，他有離不開身的影像凝視及其記錄操作，有他對自然的感知吟詠，有對當代新潮科技資訊的擁抱接受，其作品富批判意味，有種戲謔式的趣味，或帶著超現實影子的酒瓶新裝，又幽默或風雅的存著未消失的文人筆墨趣味。有一種舉重若輕龐大的敘說性，承載之於畫中，內容的批判性及隱喻性不時於畫面中迴旋。其表現技巧也並非媚俗熟練式的炫技，而是通過筆墨的運作，帶著拙味，有種曖曖內含光的雅趣在。

四、藝術家與生存的社會及世代感悟

前述我對中國當代水墨畫發展及如何展開所謂的當代性的關注及好奇，充滿一種複雜情懷，看了何燦波的畫作或許沒有意外，但有了更多思考的驚喜。

兩岸水墨問題發展顯然有可能成為較大的學術討論命題，但此文無法擴大問體以沖淡對何燦波的文本專注。其作品文本首先吸引我的還是以符號人切入的當代性為最大的特色，並延伸其詩意性與哲學的角度。何燦波某些言行是消極悲觀的，他認為這個時代是虛無的，藝術已經失去建設性和精神。中國的藝術家進擊到了二十一世紀還喊出二十世紀初的虛無主義論調，著實讓我十分詫愕但也淡定，證諸這個世界存在時空予人的不確定因素始終存在，後工業社會即令更高科技

更數據化，但一樣使人更荒蕪更空心或更漂浮，人類還是無法以實證主義或科技解決人的問題，藝術、宗教及哲學一樣繼續扮演著它無可取代的任務。過去藝術一直與宗教或政治掛勾，扮演著重要的角色，但今天多元的世代藝術無法代替宗教，與政治的某些層面關係雖密不可分，但也有違背或漸漸脫鉤之現象，無論如何，藝術的去向或其終期目標我一直認為還是要回到哲學思考的面向，何燦波的作品顯然觸及到這邊界境地的，他的藝術創作中開始建立自己的哲學基礎，傾向於哲學的維度，雖其還是脈絡不明，但科技的進步促其對宇宙展開新的視野，也體現在其畫中成其隱喻的基調，他畫中存在著一個無邊際、逸出的雲層虛空，更可感於他的失重狀態。除此他思考得較多的還是關於藝術史的問題，或上一世紀甚囂塵上的藝術史終結論或現代詩死亡論，無論丹拖 (Arthur Danto) 意指特定的敘事走向終結、藝術的停滯，或黑格爾 (Georg Wilhelm Friedrich Hegel) 提出的藝術終結時，其詞性包含著入口和出口之類的內涵，其所指的終點之後恰是新的旅程開始。無論電腦中的符號鍵或阿爾法這個像極他畫中的符號人的字母，恰恰在無限的虛空中象徵著既是開始，也是結束。一如中國傳統中的易經符號，或文字中的「一」都是開始亦是無限延伸。

當今，面對著中國當代藝術的現象，無論是沿用批判理論美學家所主張的美學的整體觀，從其藝術家與社會兩者之間所構成整體性，藝術家對他生活其中社會扮演參與者 (participant) 的角色，而不是旁觀者 (observor) 的角色以其對照來區別現實主義作家與自然主義作家，但我認為何燦波的藝術作為絕非是現實主義與自然主義作家二者，就其

畫作形式與內容所構成的有機整體性而言，更顯示他是一個描寫玄奧
世界中的象徵主義者。

　　文前，我重複了工業革命以來的異化現象，按馬克思主義的整體
性美學觀點來說：當前社會主義的發展下均須克服政治經濟領域中的
異化現象，而這也是藝術的任務。藝術與革命的目的一致，都是在於
恢復人的整體性。藝術作為人文學的一支，也是人的自我認識，人既
是自然的生命，也是社會的存有 (social being)，因此藝術不應是社會與
自然之產生過程的旁觀者，而必須是參與者。

　　然而新馬克思主義美學所要質問的，是否美是無關生活與社會的，
甚至美也無關藝術，而只是超越的形上實體？

　　但在馬爾庫塞的遺作《美學的面向》中，風格是有形式的美（他
稱為美學的形式），是藝術之政治功能的來源。事物所直接顯現給我
們的，常常只是表象 (appearance)，而其本質 (essence) 才是我們探索的
對象。

　　有一些藝術通則在某種時空顯現出它的絕對道理可能是對的，應
用於某些畫做作為評論時也許也是對的，但十分弔詭的是它並非是萬
靈丹，例如藝術是國際共同語言，這樣的話語，表面是對的，但試問
多少理論家或創作者願意真心去承認他？藝術有其模糊地帶，晦澀不
明甚至陰暗的地帶，或絕對玄奧、象徵，後現代性早就告訴了我們當
代的不確定性、分裂和邊緣模糊！

　　隔岸觀火去言詮或評論不同地區的藝術家作品，除非有絕對客觀、
理性地去了解它者作品精邃之處，否則易流於片段和割裂似的言說。

但我很高興通過了何燦波筆下的水墨畫世界，特別是由他所建構複製下的符號人所隱喻的世界，一個可能是懸浮、失重‧破碎，卻任其飛翔、自由寓言的拼貼世界，這讓我更欣喜地挺進於海峽彼岸水墨圈發展之了解，有著更豐富情懷。祝福燦波。

2016 年 8 月 11 日起草
脫稿於 2017 年 8 月 7 日‧2017 年 8 月 27 日修正

註1：到目前為止，全球學院訓練的文化批評者仍有不少使用符號學方法進行文化現象的結構分析。符號學學者相信以藝術作品中不起眼的個別符號作為參考對象，可以看出作者所希望傳遞的訊息。符號在藝術上的象徵性，是用來解釋畫面的一種視覺語言。

註2：根據泰德美術館的說法，防空洞素描的出身可能是個問題。地下素描的靈感來自難以忘懷的現實生活遭遇。恰好某天晚上車子壞掉了，因此坐地鐵而所見。戰爭時期的種種黑暗面也有著模糊不明的年表。其地鐵防空洞的透視更借鑒自一幅古斯塔夫‧多雷 1872 年的作品，帶空洞、斜倚的人物造型是最典型的摩爾的雕塑樣式。為躲避空襲而進入車站地下室、甬道、防空壕中其中所描繪的模糊身影，是對令人難忘的。

註3：參閱西方馬克思主義美學，陳昭瑛 - 東華大學
faculty.ndhu.edu.tw/~e-poem/poemroad/chen-jauying/.2017/08/25

《青銅時代》下的浮想聯翩及論證
─陳尚平雕塑作品的特質

一、

陳尚平的個展《青銅時代》之命名，極易讓人直接聯想到奧古斯特‧羅丹（Auguste Rodin，1840 － 1917）那件以《青銅時代》為名的青銅作品。羅丹這個雕塑作品有其典故，又名為《初醒之人》或《被征服者》，作品上的男子不再存有像希臘雕塑中擲鐵餅或標槍的動作姿態，胳膊雖沒有加入任何指示性標的物，但其動作卻十足具有更廣泛的涵義，或許再現了人類發展初期的樣態，極高地展現了羅丹特有敏銳感覺的塑形技藝，此姿勢在某個程度上，完美傳達了羅丹對真實本性的注重。這亦是羅丹被評論家視為重要的第一件作品，它完成於布魯塞爾。1877 年，原為無名稱的此作於布魯塞爾藝術圈展出，隨後以《青銅時代》為名在巴黎沙龍展上展出，卻飽受非議。

陳尚平以羅丹《青銅時代》為同名作個展之標舉，或然是緣由此次展出的青銅作品，同樣意味著是個人重要的歷程之作，或也有向大師《青銅時代》致敬之意，追求著羅丹此種原始初心、單純形式之力量亦未可知。

從純粹青銅材料發現及其發展所帶來的東西文明史研究而言，青銅時代（Bronze Age），又稱青銅器時代、青銅文明，在考古學上是以其使用青銅器作為標誌人類文化發展中的一個階段而名之。青銅是紅

銅和錫或鉛的合金，因為其氧化物呈顯青灰顏色，故名青銅。由於青銅的熔點一般較低，約為 800℃，而硬度高，為銅或錫的 2 倍多，所以容易融化和鑄造成型。

1836 年時丹麥考古學家 Christian Jurgensen Thomsen 提出三時代系統，透過人類對器物使用的發展，共分為石器時代、青銅器時代與鐵器時代。青銅時代屬於三時代系統（Three-age System）中的第二時期，由於在青銅時代的特色是青銅的廣泛使用，即利用銅與錫、鉛、銻或砷的合金製作工具和武器。[註1]

「青銅時代」一詞，因著西方羅丹那件以《青銅時代》為名的塑造翻鑄青銅作品聞名，而增強其語彙的張力，從而這個語詞由學術專用語轉向更多的感性內涵，帶著遠古某種美好的想像，成為藝術家與作家更多創作發想之起始。

例如大陸學者作家王小波的《青銅時代》是其「時代三部曲」之三。以中國古代唐朝為背景的三部作品所構成長篇其中之一部，他讓歷史與藝術相融合，最終確立了對生命終極價值的體認，引出一種由敘事者隨心所欲、穿梭於古今中外的對話體敘述方式。此外，2012 年以歷史漫畫見長之 Eric Shanower，專門從事以冒險、戰爭為劇情的漫畫創作，他將位於小亞細亞與歐羅巴交匯處、通往黑海咽喉要地，一座固若金湯城邦，最終卻被愛戀詛咒摧毀，千古流傳之特洛伊血戰、聞名於世的史詩，將其詩篇於畫面上進行名為《青銅時代》的故事繪卷，吸引諸多讀者閱讀。

「青銅時代」的命名，讓我們一開始聯想到羅丹的《青銅時代》

而沒有直接創想到中國的青銅器時代，主要還是中國的青銅時代在形制、紋飾、文化脈絡所構成的複雜性文化意涵。但，我們不能忽略東方，特別是中國古史上的夏商周時代，一直到春秋戰國之交為止，其在物質文化上都以青銅之禮樂器與兵器為顯著的特徵，青銅鼎器通常為國之大器，「祀與戎」為國之大事，青銅器無疑作為這兩項大事代言，故在中國歷史上又稱為青銅時代。

　　學者張光直認為中國青銅時代的文化與社會企求，文化社會的各個方面從飲食到政治、經濟、親族制度到宗教、神話和美術，並且在若干問題上（如殷商的廟號和王制以及商周美術中的動物紋樣的意義）。其時代文化與社會各個方面之間的有機的聯繫與其發展有著因果關係的變化，青銅器有其相當的重要性，成其為為一個古史時代的代表。古代美術和古代人類學者的參考。[註2]

　　中國古代有著精湛的冶鑄技術，現代已知中國最早的青銅器，是甘肅東鄉馬家窯文化遺址出土的銅刀，距今約 4800 年，經檢驗，是用錫青銅鑄成的。考古發掘表明，早在新石器時代晚期和夏代，人們已能用石範和陶範鑄造簡陋的工具和武器，其後更發明失蠟法及翻砂技術以鑄造，青銅的發明是人類文明史上的重大事件，青銅器的應用，代表了當時的科技水準和文化藝術水準，成為遠古時代的鮮明標誌。

　　但即令中國青銅翻鑄工藝有其成熟面，運用到歷代的雕塑領域中以迄當代的雕塑藝術表現，使成其大者並不多。唯一的，應為漢傳佛像或藏式金銅佛像之造像藝術，隨著古玩市場興起，漸受世人注目。但其銅材有青銅、紫銅、黃銅、白銀等多種，不盡完全使用青銅。圓

明園十二生肖獸首銅像雖在國際古玩拍賣市場一直是沸沸揚揚的話題，卻是爭議最多的事件，中國文物專家羅哲文認為十二生肖獸首工藝粗糙，藝術價值不高；其最大價值僅在於其為帝國主義國家侵略中國的罪證。中國國家博物館副館長陳履生亦指獸首是「外國人做的水龍頭」，被稱為國寶「更是欠妥」。（註3）因此圓明園十二生肖獸首銅像，更無法在藝術上得分。中國青銅時代的輝煌成就，始終無法晉升為近現代或當代的雕塑藝術表現，取得其應有的藝術發生事件或話語權。

　　臺灣日治時代雕塑家黃土水於 1930 年所完成之創作《水牛群像》是一個石膏淺浮雕作品，是臺灣美術史上相當知名的經典傑作之一。原作目前典藏於台北中山堂。卻非使用青銅。近 5、60 年來臺灣雕塑界使用青銅做為雕塑呈現取得藝術成就的雕塑家不少，國立臺灣美術館館藏不少以近百年來西方現代雕塑常使用的媒材雕塑作品。如金屬雕塑青銅材料就先經過塑型、製模、翻鑄熱熔青銅液的工作步驟，藝術家以黏土或油土等塑型材料完成作品造形後，委由鑄造廠進行翻鑄青銅工作，再進行最後的修飾工作。青銅材料的經費昂貴。日據時代有些藝術家的作品，是先翻鑄成石膏材料作品，若有需要再委由鑄造廠翻鑄青銅材料。例如：黃土水的《釋迦出山》、黃清呈的《裸女》和《女友（桂香）》以及臺灣臺中陳夏雨的（1917-2000）《裸女之一》等都是。但陳夏雨更利用乾漆進行作品的製作。臺灣近代雕塑的起源，是源自全盤歐化的日本雕塑產出的結果，日本在近代明治維新時期，致力於西化，如 1882 年（明治 15 年）由工部美術學校聘來一位義大利雕塑家傳授泥塑、石雕和石膏翻模等技法，開啟日本西洋雕塑的起步，

同時期亦有留學生前往法國、德國、義大利等國學習雕塑藝術。這些
留學生學成返日後，往往將他們在歐洲所學及所看到的最新表現形式、
新藝術思潮帶回日本，他們透過學校的教育體系加以發揚光大。

　　彼時，留歐的日本雕塑家，特別受到法國雕塑家羅丹及其後雕塑
發展面向影響甚多。臺灣從 1915 年黃土水第一位由國語學校保送到日
本東京美術學院學習雕開塑始，陳在葵、蒲添生、陳夏雨、黃清埕、
范德煥等接其後。其雕塑風格因而是直接承襲西化後的日本式的雕塑
風格與技法，而與臺灣當時的雕刻風格迥異。特別是有關人體塑造的
觀念及表現手法，當中受到荻原守衛大力鼓吹羅丹式的雕塑手法影響
最大，而所謂羅丹精神，其實是象徵一種封建的解放；一種人性的探索，
對藝術創作而言，就是一種自由主義，一種個性的尊重。(註4)

　　西方的雕塑從大理石雕刻進入青銅的塑模翻鑄，取得世人注目，
讓輝煌的青銅之運用發揮其大，明顯的是從印象派 19 世紀後的事情，
且從羅丹 1877 年的《青銅時代》開始彰顯其大！如此，我在上述臺灣
的雕塑發展脈絡中，適時為陳尚平雕塑個展之命名《青銅時代》，找
到與羅丹有關的系譜關係。故曰《青銅時代》為宜也。

　　職是之故，「青銅時代」的沿用，有其諸多的涵義，又例如：德
國考古學家的一項研究發現，原來青銅時代的歐洲人是「男主內，女
主外」。男子會留在故鄉，女子則向外闖蕩，她們也因此成為傳播文
化的重要一環。

　　我對青銅器及青銅雕塑的接觸來自於我 1975-1978 年於國立藝專求
學的經驗，我那時有一學期逢每週六，便盡可能至故宮旁聽楚戈（袁德

星）老師在美術科開的青銅器史，其紋飾研究特別吸引我。此外，唸書那幾年，在學校或我住的租屋空屋頂上，經常可見堆放當時藝專學生所留下的翻模鑄品，那都產生一種奇妙的時空印象，我甚至以油畫繪之，我在師大或美國求學期間做過塑造及翻模，然而是 FRP 的翻鑄而非青銅。

　　青銅對我而言，一直有著某種難以言喻的詩意及重量感。也因此讓我對著「青銅時代」之命名，有著諸多美術學專業的聯翩浮想。

　　二、

　　尚平自謂：刻意略去所有可能的姿勢動態，而以最簡單的直立形象，表達出人類不卑不亢與天地之間的微妙關係：既顯示出個體的獨立性，也如暗藏著尼采所言那份不容輕視的存在感，而有別兵馬俑的眉目清晰，模糊的五官正標示出現代人的精神風貌與命運。

　　誠哉斯言，從簡單的「直立形象」至尼采所言的存在感知哲學面向思考，以至兵馬俑的「眉目清晰」造像藝術風格或至「模糊的五官處理」，正足以觸及貫穿中西美術史一些重要圖像學研究之議題，或僅就雕塑發展史亦有其可論證之處。尚平創作自述所言，正是一個又一個可能觸及學術中具有十足探討空間的關鍵詞用語，故引起我的興趣，或然可以撩起諸多的討論。下面是我個人的認知及見解，逐一論述之。

　　創作採直立形式表達出人與天地的微妙關係形象，首先就讓我聯想埃及美術或古希臘美術中與其相關的形式論述，或佛教釋迦牟尼佛

小時候的直立形象：一手指天一手指地。

　　先不說手指之姿，就以直立形式而言，每個人立於地而其上有天，人類居於地表上無不追求地心引力及平衡感，自盤古開天以來，無際天空及綿延大地往往予人心理上無限龐大和充滿力量厚實之感。而蒙德里安 (Piet Mondrian，1872 － 1944) 曾有言：垂直加水平等於真理。所謂的直立式或站立式，在藝術創作的關係中，作為雕塑造形的基礎亦能彰顯嚴肅性意旨。

　　「直立形象」可謂人類起源的基本立姿，本是極其基礎之伸展。但從人類美術史相關的古埃及美術之正面性法則、直立風格探究，雖有其基本的視覺端點及其美學，然而古埃及美術「直立形象」之穩定性與紀念性風格，不免要涉及其封閉、穩定社會中法老至高無上的權威文化，及永生信仰有關。其所採取的通常是一種「概念性寫實」手法，亦即埃及人遵循一種嚴格的準則，採用近乎千年恆常不變的手法進行創作，不以眼前觀察所見為基準，而是以藝術家所知之固有物為創作基礎。姿勢不論直立或端坐，頭部、軀幹和兩腿必須保持垂直，而其神態往往面無喜怒哀樂之木然表情，主要的是表現神聖莊嚴感。所謂「正面性法則」是以雕像的鼻尖和肚臍連成的線作左右對稱，不論坐姿、立姿都依照這原則，符合「死後再生」的理念；這是觀念性的表現而不是實際觀察的結果。在埃及薩卡拉 (Saqqara) 出土的《書記官坐像》(Seated Scribe)，正是以這種方式呈現出來。

　　而古希臘雕塑藝術往往是是一種理想化的寫實風格，追求和諧理想。其「理想化的模擬自然」的造形觀念，成了西方「古典主義」藝

術風格的標準規範。希臘雕刻有兩個源流，一個是較平或文化直立幾何風的埃及雕刻，一個是較粗獷之兩河流域的風格，然後由希臘雕刻之融合而成為一種獨特之審美的寫實風格。^(註5)

希臘古樸時期的雕刻，宗教性極為濃厚，希臘人那時已有許多以青銅、陶土為材料的小型雕像出現。到了西元前七世紀中葉，與真人大小近似的大型石雕像就發現很多，這些雕像大多是以年輕人作為雕刻題材的立像。當時人物雕像受了埃及雕像「正面性法則」影響，都呈直立狀，給人一種生硬樸拙的感覺。此時期的男性雕像稱為 Kouros，女性則為 Kore，他們都展現拘謹的古樸式微笑。

在服飾觀點上，希臘人與埃及人不同，埃及雕像總是穿著衣服，希臘雕像總是不穿衣服的裸體，這是因為希臘人認為男人的身體是神聖的，眾神喜歡目視他們。其代表作為：米洛島 (Milos) 出土的《青年立像》，此尊約為西元前 550 年的大理石雕刻，約 214 公分高，現存雅典 (Athens) 國家考古博物館。

至於女性雕像則以在雅典衛城出土的《穿披肩的少女》(Peplos Kore) 為代表，此作為約西元前 530 年之大理石立像，約 122 公分高，現藏於雅典衛城出土衛城博物館，身穿著打褶的連身長衣，衣服上充滿色彩和裝飾，頭髮梳成兩條辮子。

再論兵馬俑的造像藝術與中國的封建君主的陪葬習俗有關係，兵馬俑這類人俑之前，中國有人殉習俗，秦國並不鼓勵這類當時被視作陋習的習俗，講求傳統而革新出全身像人俑應屬合理且獨立的演變。秦皇即位後便開始興建自己的陵墓（公元前 246 年）。修建過程經其一

生。秦始皇陵墓總面積達到 50 平方公里，包括現在的秦兵馬俑和秦始皇陵。主持過秦始皇陵考古發掘研究工作的段清波教授，與英國盧卡斯·尼可（Lukas Nickel）博士皆認為兵馬俑可能受到古希臘雕像文化影響。盧卡斯·尼可（Lukas Nickel）認為有其四點依據，其中第二點為：秦始皇以前，大陸並沒有製作過真人大小的雕像，此想法很可能來自亞歷山大大帝的運動。 第三、新翻譯的古代資料中說明，秦始皇建造兵馬俑的靈感來是來自西方 12 尊真人大小的雕像。或 四、秦皇陵附近出土的舞女及馬戲雜耍雕塑，都明確地表現出運動中的骨骼、肌肉和肌腱結構，於逼真程度上能與希臘大師的作品媲美。但反對者皆有。（註6）

　　至若「模糊的五官」則讓人易想到阿爾伯托·賈克梅蒂（Alberto Giacometti，1901 － 1966）純粹形象或亨利·斯賓賽·摩爾（Henry Spencer Moore，1898 － 1986 年）的模糊形象有關。

　　賈克梅蒂一生的創作歷程中曾有接受過立體主義觀念以及立體主義本身所具有的特質。立體主義出現於二十世紀初期，從塞尚的一切物體皆由圓球體、圓柱體、圓筒體、方形體所建立之構成概念、以結構概念進行繪畫的創作，並從而影響到立體派的興起，可以說是西方繪畫歷史性方法演進的必然結果。

　　美術史論往往以立體派受到非洲原始雕刻的啟發及影響而成，雖然從表面上看起來，立體主義和原始雕刻有著形式上的一致性，但其具有抽象性的背景並不僅相同。這裡存在著原始人和文明人視覺觀看方式的不同，其中存在著簡略粗糙之象與人文般精確的輪廓或遠近法的描寫之不同。

　　賈克梅蒂的雕塑或繪畫概念存在著非「眉目清晰」的五官或輪廓清晰的形體，與其存在主義虛無哲學有關，其對空間不確定或特別的錯視觀念有關，亦非為模糊而模糊。若要說到「模糊的五官」之作法則可不勝枚舉，法蘭西斯‧培根 (Francis Bacon，1909 － 1992) 的模糊算不算？孟克的吶喊或其他算不算？當然最具代表性的還是屬於亨利‧斯賓賽‧摩爾，摩爾的五官省略在一個戰爭期間的時代背景下形成，以及他在戰爭期間成為一名戰爭藝術家，創作了一系列在地鐵中躲避轟炸的倫敦人，此系列係完全捨去五官描繪，純以描繪表現逃躲人群模糊的無奈捲縮地動態為主，反映戰爭逃難的形象，形成具有影響力的繪畫作品。

　　尚平從未進入藝術學院或美術科系做相關的美術科系脈絡浸淫，他僅僅從大甲高中美工科繪畫組畢業，卻在台中雕塑圈蓬勃發展的氛圍裡，受到感染並開始《青銅時代》的系列作品創作，並能以羅丹大師為期許，可見其努力之企圖。而今更發展出極大的雕塑或景觀設計之版圖，其能量不可不謂強大或有成。

　　此次《青銅時代》展出 13 件，此一系列作品嚴格說來有著基礎塑造的練習意味在，最具代表如《女體》此作，其作品型態十足令人感到孰悉、一眼望穿，果然如他自謂：其主要靈感截圖自馬奈著名經典之作《草地上的午餐》之鑄銅作品。

　　從主題的命定我們可以發現到國美館收藏的雕塑作品，其所強調的是自然生命現象、情感與勞動的議題，也就是以宇宙萬物之開啟、人的內在情感、辛勤勞動、借景生情等等為主。其它，從其長子《陳赫》

(1998) 就讀幼稚園淘氣可愛模樣塑之，擴張為《在快樂之島》(1998) 的兒時記趣及對於時間流逝的追憶。與此相同以親人為母題 (motify) 的尚有《長子》(1998) 以其長子作為模特兒的泥塑作品，以及《母親》(1998)描塑一個終身處於勞動的母親形象。這類主題也是藝術家亙古的主題，如羅中立的《父親》感染許許多多觀者。耐人尋味的是《孕》(1998) 經過龜裂的泥土紋路肌理表達了一個母親懷孕過程既驚又喜的心理境況。《庭安》(1998) 則是喜歡穿布衣的鄰居小孩，是從周遭捕獵的題材。

　　回到尚平以直立的形式呈顯人物狀態，從其人物塑造翻鑄下的簡略及表面手跡質感，著以油畫色相，被打磨或手觸後所形成的肌理感觀看，則彷彿有來自亙古悠遠時光包漿之感，特別令人懷想二千多年前的青銅器之美，尤其是三足鼎為國之重器的時代意象和感質，轉換到當代的雕塑家素樸直立形式，作品表面的載體感雖然似乎變輕了，透過塊面卻仍具某種程度的碩重之感。

　　以故所謂的《青銅時代》從其千年難以腐爛分解之物質性，以環保立場而言，在使用鑄銅此種材料及技術實是需要嚴肅為之的，應以更精準藝術性語言操作將之化為不朽之作期許。尚平的《青銅時代》(1998) 系列作品屬年輕之作，雖難以看出作者更高的企圖或創新觀點，但我個人倒非常喜歡這些來自於臺灣中部純粹鄉野之作，素樸的直立形式、省略而俐落的處理手法表層張力，內在情感與外在的形式也達到某種程度的和諧。

　　但或許到了《模糊的人》(1998)、《女體》(1999)、《人體》(1998)、《騎馬者》(1998)、(唐吉軻德) (1998)、《紅色》(1998) (仕女圖) (1998)、

《托斯卡尼之春》(1998) 等作品，尚平與現代雕塑之向度才有了更多連結，例如《女體》(1999) 靈感是挪用自法國印象派畫家愛德華‧馬奈 (Edouard Manet，1832 － 1883)《草地上的午餐》創作於 1862 年和 1863 年間的一幅布面油畫之畫中的樹下裸女。《模糊的人》所使用大塊泥土後以棍棒拍擊並完全捨去五官描繪，最後只剩塊狀及模糊形象的人。其創作形式是很難不令人想起英國雕塑家亨利‧斯賓賽‧摩爾 1950 年的銅雕塑作品《家庭群像》，此作位於英國 Stevenage 的 Barclay 學校，其五官形象是省略的，但群象的組合頗具空間意象，是摩爾二戰後的第一件大尺寸委託創作，成為摩爾的第一座大尺寸公共雕塑。

　　另一空間展示著粉紅的燈光設置，讓人想起瘂弦的〈深淵〉中詩句：「耶穌，你可聽見他腦中林莽苗長的喃喃之聲？有人在甜菜田下面敲打，有人在桃金孃下……。」我認為尚平在空間利用的粉紅色光呈顯，正有類如「桃金孃暗夜」下的隱喻。（桃金孃為桃金孃科（學名：Myrtaceae）其花為兩性，輻射對稱，萼片和花瓣常各 4 － 5 枚，雖然花朵纖細，但植株卻能長的高大，而它們共同的特徵是雄蕊多如睫毛、分離或成數束，花絲細長柔，子房常下位，一至多室，有少數至多數胚珠；果實多為漿果或蒴果。）[註7] 又桃金孃相傳為美之女神 Aphrodite 用來遮掩美體的葉子，另一方面也被用於婚禮花冠，則桃金孃涵括「遮掩美體之誘惑」與「感情的山盟海誓」此二意涵，恐怕於此隱含作者對現代人於兩者取捨（當然亦可兩者皆取）的批判。[註8]

　　尚平此一空間的作品符號暗喻昭然若揭，不言而喻。與孤立著台座置於他他米的青銅作品，此空間作品材料紛陳，顯示著藝術家的求

新求變，試圖趕上當代雕塑所使用的多媒材及新語彙新造形形式、切入當代的創作意旨。《登鴛嘴山》(2007) 為白色雕塑的系列作品，以青銅烤漆。開啟了現代簡潔之路、《人體》(2016) 為具有結構感的木雕作品，將一截松木去頭尾去上下左右之後，僅保留住主幹，在其核心地帶作趣味性的油彩增色，其它如《騎馬者》（唐吉軻德）(2017) 此一題材亦是西方無論繪畫或雕塑常見的題材，我以為要挑戰其經典下的新意，此左品除了作者自稱新的平衡之外，尤其誇大的槍矛所產生的平衡感，象徵唐吉軻德不合時宜的理想性之外，應該有更高的創新之處。《紅色》（仕女圖）(2017) 是系列性作品，是鉛筆加壓克力的作品，先以素描再以色塊形構凸顯主題。色塊與素描產生的關係形成一種類似剪紙的平面性剪貼趣味感。《托斯卡尼之春》(2018) 延伸自義大利托斯卡尼李奧納多藝術公園的鋼筋作品。使用了鋼筋作為近年創作的元素，係來自於現當代建築裡的基本材料，將其轉換為人和空間關係探索的一項元素，中間加入日光燈管並照上粉紅色光紙，營造了曖昧氛圍，有其指涉性，為尚平近期持續探討創作的鐵雕系列載體。

　　我以為「在地觀點、國際視野」始終是臺灣藝術家所該確立的立場。陳尚平在《青銅時代》特別是純粹青銅這一批作品已發揮了其掌握生活感動的元素，反映了其素樸的生命之力量，至若另以空間展示的紅色或白色或木雕皆顯示了他極欲探索新的素材及手法之企圖，雖然以粉紅色燈光製造了一種情色的氛圍彰顯了，但空間顯得紛亂而急切，不若安置於他塌塌米的長條空間，獨立完整展示著年輕時期的青銅作品來得純粹，以及作品中所顯示的沉穩和感動，顯示著極其可貴

的靈光氛圍。藝術家如何以其專業而純粹清晰的語言風格,向觀者展示其創作脈絡,則是一項非常重要且急迫的課題。

2018 年 4 月 27 日起稿 5 月 12 日完稿

註 1:參考 https://zh.wikipedia.org/zh-tw/ 青銅時代
註 2:參考 www.books.com.tw
註 3:參考 https://zh.wikipedia.org/zh-tw/
註 4:李欽賢 2001 年 2 月,20 世紀前葉臺灣雕塑溯源,現代美術,97 期
註 5:參考 www.discuss.com.hk/viewthread.php?action=printable&tid=4944407
註 6:https://zh.wikipedia.org/zh-tw/ 秦始皇兵馬俑
註 7:參考 https://zh.wikipedia.org/wiki/
註 8:參考 https://tsxsv.exblog.jp/8341486/

陳尚年《青銅時代》於一票人票畫空間 & 畫庫展覽會場

粗麻紙端綻開的惡之華
—彭康隆繪畫存在的感知

一、如豹之觀看及存在

　　我們生無選擇，世界往往是殘酷虛無的，命運從來不站在我們所能選擇的這一邊。我們有甚麼本事可以抵抗命運、逃避命運呢？詩或藝術也許是我們能對抗通俗唯一的途徑吧！對彭康隆而言，他幸而有一支筆以及雲淡風輕的一顆心，可以在發黃略帶陳舊感的粗麻紙端畫出一道道歲月肌理，同時昭示著他以開創性繪畫風格，為兩岸水墨藝術重新提供了諸多可能性的前提，更讓繪畫在當代藝術洪流中重新佔有一個位置，得以新的觀念和思想存在。

　　彭康隆對繪畫的要求是以獨立靈魂支撐的，他對美的尺度看法有其偏好，對於繪畫或藝術無論就東西方觀看角度或親身探勘，其植根是如此深廣，以至於要求也相對嚴苛，誠如千利休霸氣發出驚人之語：「美！我說了算。」對彭康隆而言，美，通常也是他說了算！可即使他對美嚴肅以待，他的繪畫還是直接可感知的，不須繪畫以外的語言來詮釋太多。他在繪畫語言的形式之外，風格自然形成。一幅畫通常以一支筆在畫上勾勒皴擦渲染數遍，動輒二、三個月，以求其厚實。表面是嚴謹，然於我來看，我認為某部分的他，更大的想望應是一種畫面的飛翔感，一種輕盈自在，在畫裡追求更大自由，更直觀的繁華

盛果之創作境地。

　　彭康隆對一己之美的精準掌握，我認為來自於他有如豹眼之尋獵，以及內在的溫厚。來自於他對萬物靜觀皆自得的深層感受，以及人生華美之外殘缺、四季榮枯的凝視，人情世故敏銳的察查，他在藝術的追求深埋根底，開出了另一種無以名之的美學，迥異傳統之花朵綻放，卻仍擁有一片織錦的天空。藝術用於生活，生活即藝術！一如日本人從枯山水、櫻花綻放和凋萎、月之祭或殘缺美學在在照見生命無常觀、宿命觀，亦像他所甚喜牧溪畫中的那隻八哥鳥，從小學起即吸引住他，在其內心不時鳴叫提醒他創作的初衷。這動人而純粹的吸引，正是藝術作為生活召喚並引入創作表現，最美好也最原始的動機。

　　我試引里爾克 (Rainer Maria Rilke) 的《豹》，來鋪陳我一窺之見：

豹（巴黎植物園）

他的視力因柵條晃來晃去
而困乏，什麼再也看不見。
世界在他似只一千根柵條
一千根柵條後面便沒有世界。

威武步伐之輕柔的移行
在轉著最小的圓圈，

有如一場力之舞圍繞著中心

其間僵立著一個宏偉的意願。

只是有時眼簾會無聲

掀起──。於是一個圖像映進來，

穿過肢體之緊張的寂靜──

到達心中即不復存在。

(1902-1903 年，或 1902 年 11 月 5-6 日，巴黎)

里爾克在《新詩集》中最早的、也是最著名的一篇〈豹〉。據作者自己說，這是他在羅丹的影響下所受的「一種嚴格的良好訓練的成果」。當年羅丹曾經督促他「像一個畫家或雕塑家那樣在自然面前工作，完全地領會和模仿。」[註1]

當英國的藝術評論家、小說家、畫家兼詩人約翰·伯格（John Berger, 1926 − 2017）被問及「我們觀看時，看見的究竟是什麼？」，他認為畫面內外的世界都需要經過層層剝解。畢竟被看見的永遠不囿限於圖像本身，還有那些套之於上的重重框架。

他在《影像的閱讀》第一篇〈為何凝視動物？〉時亦提出：「動物在看人時，眼神既專注又警戒的。……而人類則是在觀看動物時。體認到了自身的存在。」[註2]

由此，我們從里爾克的詩體察到他以豹作為擬人存在象徵、隱喻性之張力。

此外，伯格在第163頁〈盧奧和巴黎郊區〉引述喬治·盧奧 (Georges Rouault，1871－1958) 對自己所做的許多評論之一：「**我一直非常快樂地作畫，是個處在最陰暗的悲哀而能忘卻一切的畫癡。**」^(註3)

如果畫家下筆也如同威武步伐之輕柔的移行，在紙上曼妙勾勒曲直的花石甚或漂浮於山水之間，有如一場力之舞圍繞著，那麼創作同人生一樣，其實就只為「一個宏偉的意願」之完成。而在自然面前工作，完全地領會和模仿，這樣的論點豈非書畫藝術傳統中所言：「**外師造化，中得心源。**」之意旨？藝術家的自律生活往往影響著其藝術上的質量，對繪畫甚為要求的精準，及嚴苛練就之後的直觀創作，正好詮釋著「入於其中，出乎其外」的生活態度。

彭康隆是百分百的畫癡。甚且，他說不只是癡還是狂，我笑笑，痴狂總連在一起不分。更擴約而言：他是個茶癡、食癡、音癡、物癡。凡屬美與心靈思維之事物皆不曾逃離於他那敏銳狩獵之「豹眼」。

二、藝術與生活及直觀的內在性

如果閱讀生活是藝術家基本的生活態度，情感與思想亦絕對是創作煉金石，對生活無感或缺少感官激情，那創作面貌絕對是貧乏的。通常彭康隆沉浸在音樂環繞中，例如當他有感於馬勒第五號交響曲，雖然該曲整體旋律看似優美，但吸引他的應是那些表面看起來湊不齊的樂章，彼此之間千絲萬縷的連結，看似無關，實則血脈相連，應屬極為高明的拼貼技巧。此外，我猜想更多是來自於樂章裡的激情和悲

愴始終激盪、縈繞著他，讓敏感的他時而有感愉悅、樂觀奮起或淒風苦雨、憂鬱難度的複雜心緒吧。一個畫家其實是一個平凡的個體、自然的生命。此外，他對於古器物或民藝的深情，對其造形的獨特偏好，並將收藏用之於生活的堅持，均貫徹了他對美及態度的堅持，那即是藝術與生活的結合，他的畫風與生活中日常的擺置和偏好使用，也始終沒有違和之感，有時順手一取的枯枝殘葉隨手於原木老桌一插，一樣搖曳生姿。他的生活中沒有說一套做另一套之情事出現。

　　藝術的偉大在於直觀，偉大的藝術亦多是直觀的，馬歇爾・杜象 (Henri-Robert-Marcel Duchamp) 的偉大就在於他的直觀。他曾說過：藝術是一個意念 (That art is an idea)，這個意念，其實就是他的直觀。但他亦說過：我喜歡呼吸甚於藝術。過去我總認為藝術中的哲學思考凌駕其它，但現在卻更體認到：藝術的直觀凌駕於一切創作基礎之上。可不可以這樣說呢：哲學思考有其理性的部份，而藝術卻永遠直觀、通悟哲學，乃至超越哲學？直觀來自於人的內在經驗，有其意向性和神秘性。我曾觀看彭康隆一些比現今花石畫風更早的山水畫作，見於《眾山皆響》畫冊，其中令人驚豔的是其畫中透露出一種類似宇宙洪荒的神秘性、超現實性。大畫冊中呈現兩岸水墨中少有的超現實或魔幻感。當中似乎由一顆熾烈的靈魂散發出來，我想，任何人創作如果少了那種熾烈的靈魂，畫便很難感染別人吧。

　　彭康隆的畫，毫無疑問的來自於個人生活內在經驗，從時空中周遭景物的靜觀而自得，但這也只是一個真誠藝術家所必然的，藝術既來自於直觀，但如何打破人們的視覺經驗法則才有個人的成就。中國

水墨畫裡的傳移摹寫，其真正的精神並非是現實的複製而是演繹，從
心意而出，象由心生、形隨意轉，心意之所及畫就到那裡，有意到筆
不到之狀，虛實相間。然而，你還是可以說那是花那是石或山或水，
但這對於創作者或觀眾而言，都非關當下的直觀來得重要。看彭康隆
作畫起草，不由然想起鄉下畫符道士起筆來即刻揮就的畫面，彭先生
定神、心中有數，順暢的揮灑開來，你很難測準他一開始要如何畫，
而他僅僅象由心生、形隨意走、傳移摹寫而已，這一切都是心念、都
是才氣。

　　彭康隆畫中題材非常簡單，僅僅涉及花草樹石、山水雲嵐之間，
少人物的糾葛、情緒的波動，或情慾的噴灑或人形的扭曲變形。但他
畫中直立飄飄欲飛、像脫離土地無根的的花草，或奇石怪狀，未嘗不
是擬人變形之況喻，我見過彭康隆一些精彩的油畫，但他後來也沒走
向西方創作的顛覆或變革方式中，不像其他同儕對西方傳統或當代藝
術趨之若鶩，但即使他回到傳統筆墨創作，也不見得喜歡那些傳統中
平凡無奇師承的熟悉風格。他以開創新風格為已任。

　　藝術的目的應該像約翰・伯格所說：「藝術周旋於渴望和現實之
間。」[註4] 既不否認現實又從中渴望能建立一種新的價值觀。

　　這例如在他畫中稠密的視覺幻境，現實並不存在，似與不似之間
貴在一種幻化及轉化。又像：墨黑疊染的瘦長奇石配上大喇喇朱紅花
或艷燦燦黃花，卻亮而不搶、艷而不俗，不拘寫實具象的結果，形狀
也就沒有具體寫實的形狀以指涉，說花似花亦可不是。特別夾雜在大
朵花石之間的筆意影影綽綽、清晰不一、飄忽不定，玄之又玄，其創

作精神有如老子所深述的《道德經》二十五章：「有物混成，先天地生。寂兮寥兮，獨立而不改，周行而不殆，可以為天下母。吾不知其名，字之曰道。」之深層靈魂行蹤相似，或與老子〈虛心第二十一〉：「道之為物，惟恍惟惚。惚兮恍兮，其中有象；恍兮惚兮，其中有物。窈兮冥兮，其中有精；其精甚真，其中有信。」之可感可悟。或如《莊子》〈知北遊〉：「天地有大美而不言。」盡顯其藝術之道。

　　繪畫自身若好，其實已顯現一切存在的感知，用文字很難去說明。中國傳統文化講的心領神會，一切盡在不言中。面對彭康隆的畫，除了一再凝視之外，文字的詮釋或註解盡顯多餘。

三、畫面筆墨虛實、手筆紙的相應

　　筆墨是國粹，一張畫就是在解決筆墨虛實問題，筆是線條、墨的處理不是表達立體的明暗而是虛實、是層次，用心把顏料、簡單的墨色表現出來足矣。遠近、虛實烘托，探索性的畫家是思維精神狀態，而不是工藝性的技巧。墨並不特別講求，並非一定要明清古墨，有時僅是一般市售墨汁即可。這皆是彭家說法。

　　把一支筆的各種可能性盡其在我發揮出來。筆法，筆觸決定線條是否有所靈動、原創性。因此要學習各種可能性。他經常使用筆觸小的小筆，讓筆去其習氣更也沒有刻意講求纖細，卻在野放、破立之間留有更多細節，供觀者來回蒐巡觀看，也因此，他的畫，從遠看綿密厚實，虛實有致，近看卻處處存有細膩部分，帶著抽象的小筆觸，有

種如緙絲、絲織的感覺，經常引人入勝，可以多數截圖，截圖後也十分耐看。許多畫更是從背面留漬點聯想開始，或先拓再畫，亦如「雕欄玉砌應猶在」感覺，或是先從唐突之處再處理，亦即在畫面，每一次的空白都是一次挑戰，如此每一張畫不盡相同，絕不重複，每幅畫的感覺是唯一，豐富性自然俱足。

他畫山亦有其觀點：畫山當海畫，山如海、海如山，處處是風景、是旅遊的心情，畫面有其空氣流動、可居可觀，他常言道：「畫直覺沒有了，就很難畫下去。」在他看來，藝術是一種閒中得，真正的放鬆畫面就越自在，呼吸脈搏就是畫家的筆觸，筆總是跟著脈搏跟著筆走。

此外，對彭康隆來說，他認為傳統之各家經驗、理念是可借鏡的，可從中找出需求，使命感。他曾說過對於大山大水最想做的事，是在一張畫裡包容各家畫法，乾坤大挪移。把形式套到水墨，探索是一切，他每天進行的構成是合併先前的山水題材、重新創造新的形象。對於文化韻致，書寫要鞭辟入裡，要能奇妙融會貫通，無論線條、變化，骨子裡的東西、經歷過的事，都要經過消化、轉化。他的精神是牧溪的，中國繪畫史上牧溪的畫作由於太過自由且有悖傳統而在中國不被欣賞，但其灑脫不拘泥於形式的風格，卻在日本備受推崇。日本古籍《松齋梅譜》中評價牧溪的繪畫「皆隨筆點墨而成，意思簡當，不費裝綴」，其畫筆墨淋漓，頗具禪意。

漸漸的，彭康隆越畫也越深邃。看一座山凝結一套筆法或一家之言。一點一點，組成一個面，並沒有拘泥於歷代畫風，畫風完全是從

大自然總結出來的，陰柔、雄偉、冷峻的筆力，勾勒出山的輪廓和石紋的脈絡、濃厚的墨色，描繪心中山川，具有俊拔雄闊、壯麗浩莽的氣概，而墨色凝重、渾厚，動中有靜，靜中有動。畫唯一靈透重點所在，是筆墨的虛實而已。

　　他的另一看法則是：中國畫沒有所謂實驗性；相反地，西方造形能力強，因此在畫中國畫時，應先了解其悟性，以脾氣個性去賦予它。以他曾受過的學習經驗而言，他是從臨摹古畫消化後發揮，因此最能掌握輕重虛實、節奏。他受石濤《畫語錄》影響，受黃賓虹渾厚華茲、乾裂秋風春雨之天然意趣感召。因而亦豁然吟詩作畫，幽居新店，有著閒適生活中文人情懷、格調的建立，以及相對擁有的文雅、荒涼和虛無。他心中虛實有無，常被物象牽著走。山水從一個點開始幻化無窮，不是自然的真正風景，是取自然的萬象思考、幻化成象。

　　筆墨是畫的靈魂，當筆墨流淌過粗麻紙上，在紙上摩挲留下輕度的聲響，留下的是紙端的墨香魂。因此筆墨與紙成了重要的因素之一。洗鍊的筆調、墨韻，畫面幻化出多元層次的色彩變化、色中有墨、墨中有色，色不礙墨、墨不礙色。無論其在花石翻飛、述石的創作中，存在著某種由自然形象、物象的關照，取象思維、傳移摹寫，而帶著自身映照隱喻般的內容，雖然畫幅張張滿溢著形和色，從視覺表面上看來似乎華麗，卻顯然有著鬱結的情緒、或憂慮感傷的氛圍，其所以精采的描寫，出自深沉內斂的性情，也唯其個人一逕的獨立特出，才能迥異於當前臺灣水墨菁英學院派之弱風。我會認為：創作態度或精神存在狀態及生活方式，無疑的才是決定其畫裡品格高貴之所在。

四、畫面形式與非形式

康丁斯基 (Wassily Kandinsky，1866 － 1944) 在其一生雖然也建構了理論的基礎，但他理論作品的探討，發現「內在需要」才是他整個藝術思想的重心，依據「內在需要」，任何形式都應被允許，所以沒有所謂形式的問題。(註5)

康丁斯基亦曾談到：「形式是內涵的外在表現」，亦即藝術家應依據自己內在需要而創作，不可以隨便挪用他人的形式：「對每個藝術家而言，他的表達方式（形式）是最好的，因為那是他急於表現的內涵的具體化。」(註6)

對彭康隆而言，我認為他絕對有某種熱情的壓抑，外在的霸氣中卻不小心經常流露出「渴盼」、「騷動」和「激情」的特性。而這種特質也盡顯其畫中。

山石相連綿密，空間留白不多，除花石寫意更見山水，其畫面之布局、營造當然不免令人聯想到余承堯的山水空間表現及皴法，卻非泛泛空靈，而是紮紮實實皴擦染經營出來的。

彭康隆的畫亦絕非依據現實正常生態或具象而來，一塊石、一朵碩大的花、一個櫃台，雖具有普遍性的指涉，也具體存在於他生活中作為摹寫的一項媒材及觸因，但他那些超乎日常概念：由畫中下沿向上生長的形象，卻與現實植物的具體形象大相逕庭，從造物來看，石頭本就歷經歲月風化鏤刻而為偶然的造形，其物象本身就沒有規範，至於感受之奇或醜或詭都是人的審美性和意向性之投射而已。

　　通過這些顯現普遍性的表象，開始遊走在筆觸線條之間，卻進入他的幻化與意象的鋪陳，他對於花石的題材述說，以多次「幻化」為名，即可見一斑。本質來說，我覺得他屬經驗主義者，初看他的畫，會感覺他似乎十分耽溺於畫面某種形式的鋪陳，但仔細探讀，他對於每一張畫面的空間虛實卻又不盡相同，或者漸漸衍生而成為一種「神秘的迷境」。

　　作為觀者，我不認為這些花鳥山水，可以現實的書寫題材來視之，從某個角度來看，這些畫作既非傳統布局樣式，打破了傳統計白當黑、計黑當白虛實相間的概念，又或者破除了傳統繪畫處理空間深遠、平遠、高遠的方法，而他平面垂立式的構圖，已融入了作者理想視境的創造。

　　此外，他的水墨表現，業已去其物理現象 (physical objects) 的描繪，他已經由客觀物體轉繹為感覺資料或「感覺內容」(sense-contens) 的表現。他的每一張畫都指涉著感覺內容，由於直觀、主觀，表意皆已充分展現畫中，就沒有了因意猶未盡或表現不足需要以詩詞補意、題字落款的問題。

　　畫家與對象建立關係經驗中，有著極為複雜的結構，就回到彭康隆的畫面而言，有時他會逆向操作，碩大的花或枝幹在畫面表現得虛無模糊一些，而其後反而繁瑣細碎，然前後空間層次卻一樣表達出來。他的畫是頂天不立地的，是垂直向的，筆觸交織，纏枝裹葉密佈的，所有的枝葉樹幹枝枒皆像垂吊起來、飄浮起來，拉得高高的、脫離重力的牽引，畫底反而成為密密麻麻的織錦。有些儼若半乾枯的乾燥花，

但我們仍可看到他一種完全垂直跳躍式主體分割擺置，以主體的碩大，攙和背景物的細碎繁複，照他的說法不是感覺或質料 (texture) 的層面，而是非寫意、非表象的，亦即他的畫中從沒有一個是表象，反而是心中生出的意象，或稱心象。

我時常在不同的空間裡，腦中猛然漂浮起他畫面中那種成列向上飄起的花枝葉幹，由中央及左而右彷彿無根似冉冉升起，與傳統相反之上重下輕構圖，我斷之這與西方哥德式教堂建築向上揚昇、躍起，企圖接近神並與之對話的崇高感無關，卻與地平線上大漠孤煙直，或玉樹臨風的詩意象美學有關。而這種漂浮感正是一種紮根沉重後，不自覺向上飛翔的渴盼吧！

現象學之父埃德蒙德·胡塞爾（德語：Edmund Gustav Albrecht Husserl，1859 － 1938）認為「無定形」的感覺材料是可以被意象的形式 (the intentional morphe) 所塑造的。

彭康隆筆一上手便一逕地走，順著手，上下左右一逕散開，走遠了走失了也不以為意，彷彿進入了迷亂的叢林、繁花盛果，卻猶見星光指路。

廚川白村說文學藝術是一種苦悶的象徵。彭康隆的綿密、少留白，是某種內心狀態投射，非僅於騷動，套個現代用語是一種「藝術治療」，或是陶淵明＜歸去來辭＞「歸去來兮，田園將蕪胡不歸？」另一種心靈家園的重整，是藉著花、木、石三項元素，來進行以自己為主體性的家園書寫。這彷彿自己擁有比現實有形的家園更富有。我用「書寫」而不用「描繪」乃因為他自己脫離外在的具象，像書法一樣脫離摹寫

和框架，而完全任憑主觀意識，用老子的話來說，是「得魚忘筌」之道。

五、剛性和柔性的石與花

　　說到石，歷來拜石賞石的名人繁不勝舉。石有其美學根源及品格特性，坊間有著諸多與石相關專書研究，傳統石種多而雜，但彭康隆喜好的石質及外觀大抵都經過自然風化過、特性不凡，有其特殊造形所在，並不喜色彩繁多而斑斕之石，或其晶瑩潤澤，反而嗜喜乾枯石種品項，被自然風霜鏤空雕刻之奇珍異品。

　　中國人有愛石、賞石的傳統，古人不但把人倫道德內涵賦予玉石，而且對具有特殊形態和質地的奇石投射了美的關注。瘦、漏、透、皺和清、頑、醜、拙，就是欣賞天然奇石的「八字真言」。

　　論及愛石、賞石、玩石，古有米芾，眼力極高富於收藏，愛石至極，好石成癖，見石形狀很美，像一個老人，跪地便拜，加上其逾理之舉，被世人稱作「米顛」，可見石有其迷人之處，然《尚書・旅獒》上說：「玩人喪德，玩物喪志」，確實有人浸淫玉石終生，對石的熱愛已經到了幾分癡迷的程度。

　　《論語・述而》則稱：「志於道，據於德、依於仁、游於藝」正足以說明石的文化形態，它讓人怡情養性，啟動心靈愛美情操，陸游《閑居自述》名句「花如解語還多事，石不能言最可人。」道出了美在自然，美在無聲的境界。不少人更做過研究，與書畫無二，石頭也具療病之效。可以陶冶心靈，調節神經，把玩之間，舒氣化節，調氣息，

解憂愁。能令人感動震撼，生情動心，勾人魂魄，實實在在地賦予了石頭以生命，一種藝術化了的永恆而鮮活的生命。

不俗媚的石令人有所感悟的，正也是基於其原石之美的召喚，石美學根源來自於變幻莫測精美絕倫的紋理之美，可以陶冶人們的心靈，使人們享受到不可言喻的美感。尋石、讀石、畫石三、四十載，彭康隆惜石如金，更愛畫石如命，點石成畫，點畫成金，不以石稱奇，而以藝取勝。此強調藝術性，不以畫奇石怪狀為宗，而強調「藝術性」正是一種自覺。打破過去傳統畫家過度描繪裝飾所流於形式的匠氣，反而能以自由寫意不拘泥於形、簡約造形之美運用其中，他畫石除瘦、漏、透、皺亦能掌握清、頑、醜、拙等特質，更有自創自塑石形之況味，完全不拘一格。

與之相反，花燦爛不堅，是一種令人感傷的題材，宋徽宗趙佶（1082－1135）酷愛藝術，刺激了中國畫意境的發展。他不但擅長繪畫，在其創作的書畫上使用一個類似拉長了的「天」字的花押，據說象徵「天下一人」。這也是中國歷史上最出名的花押。彭康隆畫花奇特詭譎，特別是近作紅燦燦如火海、黃澄澄一片如傷秋。亦是臺灣少見，名為「臺北一人」亦無不可。

彭康隆之前的畫展，悉以《花石翻飛》或《述石》命名。以花石或奇石兩個元素所形構世界的一角和城市繁喧。其畫最主要是嚴謹、細膩、奇絕，他經常使用的仍是墨及丹青的顏色，丹和青代指繪畫，丹指的是硃砂、礦物質紅色；青色為青金石的顏料。常見他畫中僅硃砂、石青及墨。山石的皴法、用筆纖細，皴、漏、透、瘦表現無遺，讓人

想到宋徽宗喜歡的太湖石及其瘦金體的形銷骨立，其著名的祥龍石，施以精密之勾染填色，小筋骨而沒有肉。石身上的凹痕造型奇特雅致、表現其玲瓏剔透的形體，又以水墨層層渲染，畫家以細、勁的線條詮畫一塊太湖石亦留名千古。

石與花代表的剛性和柔性，恰恰反映了彭康隆游刃於剛柔並濟的繪畫人生。

六、創作的激情

目前很難定位彭康隆，他的市場活絡起來了，擁有諸多的藏家，我認為這對他而言是一件值得驚心的事，如何保持更多對自己水墨藝術的覺醒，不使自己滑溜掉了，這是非常重要的一件事。

他的風格定調其實是難的，如說他是文人畫或當代水墨藝術應是也不是、言其觀念創新說是也非是，這與其他學院一些領導者強調去筆畫的現代水墨，或另一派主張不會寫實而畫抽象的是不會畫畫的人之無稽又不同。當他從畫面下筆的端點出發營造空間，繪畫書寫已成為微小卻能超乎自己意識情感的巨大方式，對生活來說，水墨的書寫永遠是他承載意念情感的最佳方式。

彭康隆已練就極好的手工技藝，他沒有聚焦在現實的浮生相、文以載道的臺灣現實悲情或世界苦難表述，但他仍有詩化的感傷批判出現在畫面，感時傷懷料必有的，傷春或悲秋是必然的。

從某個角度回顧彭康隆亦算是奇人，在他眼中萬物靜觀的結果要

奇,但他卻更追求韻味,因此他的畫絕非泛泛空靈,除了保有靜物、花、石的詭奇,一筆一筆畫山水,亦見山水中的高遠及神秘性。他常掛在嘴邊的是畫不能被一筆看穿,畫得太熟練反而不耐看,這亦足以見其人對畫之專注虔誠。彭康隆在《墨妙無前,第四回,花石翻飛》畫中沒有一張畫不畫滿,頂上或承下,即使偶見晚春,背景也不忘多層皴染,唯恐過平流於單薄,閒石亦然,還見翻飛的花絮或藤草葉等。

他說跟著畫走,非跟既成的心中想法走,而這是出神入化,每張畫都在變。畫不合理,就問題解決,如是創作的方式大有意思。

他有著驚人的創造力。但如何維持一個熱情、生命力?繪畫要能撩撥閱者的情感反應,而非一昧的表面性和商業性,是他人生的深度追求。他有時如囚禁自己一般,一天早上三個小時,用一支小筆畫出僅僅如拳頭大小的局部,層次總是綿綿密密,引人入勝。

儘管畫中情感澎湃,但僅依靠純粹的自我是不足的,他總覺得自己內部有一些古典質素,隱隱發酵,無法脫離那種古典的召喚。在我看來,古典的質素和精神當然不能廢,日耳曼民族、法蘭西民族總有他們古典的堅持,對於有民族自信的藝術家必然如此。因此,古典的功力、浪漫情懷、現代的表現力於他亦缺一不可。

七、惡之華,並不存在

2017 年 11 月 21 日,彭康隆坐在永康街一票票門口,韓國李季鐘作品刻在展出,他首度跟我提到他隔年的蘇富比展覽欲以《惡之華》

作為命題，我隨即想到波特萊爾（Charles Baudelaire, 1821—1867）的詩集《惡之華》（Les Fleurs du mal），它的主題是美與墮落。雨果稱其為「灼熱閃爍，猶如眾星」。然而《惡之華》詩篇內容極盡詭譎華麗之調性，幽暗形象無時不刻充塞其間，但聰慧的讀者仍應從詩裡獲得另種精神力量，甚而無從掩卷。1857 年第一版《惡之華》精裝本恣意綻放著猶如花一般的罪惡，也恰如其分地襯出近代資本主義，在人性深淵敗壞腐朽的巴黎城市文明綻開最璀璨的花朵。我想到多年前為友人曾蕭良詩集《花語曼陀羅》寫序所下的標題：「感官的毒花與精神的聖果」。然我亦然想到尚‧惹內 (Jean Genet，1910—1986)《繁花與聖果》的命名，阮慶岳在小說《紙天使》序中提到他：「我描寫陰影，因為只有陰影可以忠實的呈現出光明。」然而，最終我必然想到：昂立於粗麻紙上敷設萬蕊繁花奇石中的彭康隆，他以虛實的筆端畫出真實惡之華。

　　彭康隆曾對我說過：寫實過於僵化、抽象易於虛無、現代容易單薄、浪漫過於情緒化。那麼他要的是甚麼？

　　當他違逆背叛一切美術史脈絡規範之時，堅持自我的無盡幻化書寫會是最後的倚靠。我恍然，彭康隆的那些類似自動性書寫、似花非花、似草非草、似飛絮非飛絮，似石非石、一路鋪陳下去的當然不會只是現實的外象，而是盤根佔據內心的纏枝，欲從內在騷動的烈火燃燒燎原，從乾燥、敗壞、荒蕪糾纏的田園開出最璀璨的花朵。花絕不是美豔柔情，碩大、巨型的和那些枯木、太湖石結合在一起經常是突兀，結合怪異的，但就是會產生新的力量，不俗而直接爆發生命力似

的。形構似有似無、迷離一片畫上的「田園」、「後院」、「大地」之景緻，其實都是在繁華喧囂後，一片荒蕪之境中的再生，自我救贖與重生，這樣說來頗像 19 世紀英國浪漫主義詩人威廉・華茲華斯 (William Wordsworth，1770 —1850)，詩中：「草地黃了有再青的時候，我們無法任時光倒回，只有在殘存中找尋再生的力量。」

不斷的書寫、日以繼夜，我聲稱彭康隆為「繼周公夢蝶之後另一記鮮明的臺北傳奇人物、街道文化風景」，彭康隆哈哈不以為然。但我的心頭已然確立此形象：城市的一角，永康街的傳奇，一旁就是大隱小隱，要大隱小隱均無不可。彭康隆枯坐、趺坐、盤坐均可，他已在一票票門前的木座盤纏多年，無論眼觀穿梭人潮，或思索內心藝事的道理中度過多少春秋，你或者和他喝過茶、淺酌小酒、請他題字繪畫，而我總在燈影下，看到他渴望藏家或一般人能對他的畫多一點理解的殷切，那燈光下不免照見他某種程度的孤影，他應期盼更多人能讀懂他的畫，甚至接近衝破他內心那一道圍籬的盼望。

奧地利詩人里爾克〈致波特萊爾〉^(註7)寫道：

世界在人人身上分崩離析，
唯有詩人才將它加以統一。
他把美證明得聞所未聞，
但因他本人還要頌揚把它折磨的一切，
他便無止境地淨化了禍根：

於是連毀滅者也變成了世界。

(1921 年 4 月 14 日伊爾舍爾的伯格堡)

　　美術史上大師林立，各種技法、教養、功力，一應俱全，甚至是思想主張亦都不匱乏。名品盡出，我們還要甚麼？繪畫、文學無非是滿足人類對內心靈魂及內在飢渴的需求及渴盼吧。一個畫家依其作品久而成熟為其人。沒有流動的雲或烏雲，沒有惡之華，誰又真正體悟人世的聖潔何其珍貴？體會自然的個中奧秘？

　　繁華世界，各種養育、培育、交配、混種的花類紛陳，只有畫家野生的、直覺的，信手拈來的花石最具野味，只有畫家能將這一切包含奇醜的、雜亂無序的景況調節為畫面上的秩序和美好，亦包含其內在那個動盪不安的心靈獲得舒緩或無為。卡夫卡 1922 年的日記中，曾批文道：「惡，並不存在；一跨過門檻，就全是善。」能不能這樣說：所謂的惡之華，並不存在；一打開閘欄，一跨開門檻，就全是美麗燦爛的花之美？

起草於 2018 年 1 月 26 日星光秋寒中，7 月 27 日酷暑中定稿
收錄於 2018 年 11 月 3 日至 7 日蘇富比 S|2 藝術空間‧彭康隆《惡之華》展覽畫冊

註 1：奧地利里爾克著、綠原譯，《里爾克詩選》，北京，人民文學出版社，2006.4，292 頁。

註 2：約翰・伯格（Berger, John）著，吳莉君譯，《觀看的方式》Ways of Seeing，London: The British Broadcasting Corporation.（1972），臺北：麥田出版，2010。

註 3：約翰・伯格（Berger, John），劉惠媛譯，《影像的閱讀》About Looking.（1980），臺北：遠流出版，1998，163 頁。

註 4：如上註，172 頁。

註 5：林素惠，《康丁斯基研究》，台北市立美術館，1989，318 頁。

註 6：如上註，290 頁。

註 7：《里爾克詩選》奧地利里爾克著，綠原譯，北京，人民文學出版社，2006.4，574 頁。

2018 年 11 月 2 日彭康隆《惡之華》蘇富比個展，
於蘇富比 S|2 藝術空間開幕

輯六

張國治相關藝術評論（附錄）

暗箱前後

— 一個金門人如何看待廢墟　　　　　　　　　　　白靈

　　每個人都懷抱著或大或小的「暗箱」行走於這世界。

　　老祖父床下破舊剝蝕的「黑皮箱」是他的「暗箱」，戎裝和勳章半夜穿戴整齊、一副隨時準備遠行的模樣。母親一生被針插的「針線盒」是她的「暗箱」，一件件毛衣雜揉她的淚痕從那兒飛出。對許多人而言，最少拉動的「抽屜」往往是他們的「暗箱」，書信、火車票、陳舊不堪的照片或紙條、甚至幾根毛髮，都可能自動「電影成」一生的場景。

　　對年少即怕生的金門人張國治而言，「照相機」是他的「暗箱」，可以擋住命運刺探的銳眼。他躲在鏡頭的背後，將焦點怯生生從撫養他長大的叔叔身上，慢慢轉移到親生父母身上，卻永遠隔著適當的審美距離。他像生來就與「暗箱」融合成一體的，巴不得永遠躲在「暗箱」裡「操弄」，向前後的世界—過去與未來窺探，而最好又能不與他們相干。

　　但這是何等的不可能。窺探人的也註定被窺探，攝影師註定要從「暗箱」的後面抬起頭來—誰都想知道攝影者是何許人。因此張國治也註定是悲劇的，才從「暗箱」後走出，他的父親病重卻因醫院停電而過世，「暗箱」賴以運轉的電池突然耗盡，一時之際許多親暱的場景、瞬間、光影就再也不能重來。然而張國治更大、更虛無的悲劇感是與

「金門這暗箱」共築共生的。

　　「暗箱」永恆小於站在它之前及之後的世界，它是光影交戰的重心、技藝爭鋒的焦點；當焦距、光圈調整到恰當的位置，剩下的就只等待按鈕。而金門就是那顆被時空調至恰到好處的按鈕！臺灣在後，大陸在前，小小金門被兩岸挾持，按鈕一旦被擊發，整座小島震動，煙硝流火、雷霆萬鈞，就再也看不到有哪片土地比它嚥下的砲彈更多、承受的驚恐跟創傷更大、造就的有形無形的廢墟更荒涼。而張國治就在這政治和戰火交雜的暗箱裡長大。從青年起，張國治開始從「暗箱」裏逃脫，並且試圖把它轉變成一記記符碼，塗在油畫上，那是他沉重的、憂鬱的鄉愁時期，但那卻使他一次次足陷在那些符碼上，無以拔足離去。像他午夜夢迴的幻境，那一回回被炮聲和濤聲驚醒並打開的暗箱，因曝光過度而無法被淚水收拾。

　　直到進入中年，當體認到他背負的「暗箱」（照相機，或鄉愁）其實即死亡──當他按下拉鈕的那一刻，那場景即已死亡──且永不再重現！張國治開始感受到無比的輕鬆。既然沒有什麼可以重新來過，就沒有什麼不能放下！當底片或記憶體自照相機取出，「暗箱」內完全不留痕跡。人生真像是一場場光影死亡的盛宴！生命之中沒有比死更重也更輕的，而只有「暗箱」能巧妙安排，豈非妙哉！

　　如此，你或能明白，為什麼他的攝影作品會「充滿了廢墟」──千般萬種被充分使用、濫用、甚至不能用即遭廢棄的事物。他發現了廢墟的隱喻──如同老祖母纏裹了一生的裹腳布最後成了她了結這世界的懸樑之物──在外人避之唯恐不及的廢墟之物面前，張國治卻跪下來朝拜，感謝這「廢墟的萬象」，正是這世界被拆解的「暗箱」！

　　難怪當今他所展現的題材竟都是常人輕鄙之物：紛亂的張貼和佈告、倒塌的鷹架、雨洗或火洗後的頹牆、電線桿、柏油漆堆、火硝焊接處、汽車墳場、垃圾桶、怪手、挖土機、以及廢鐵爛銅……等等。光影一律平等，照樣攀爬出沒其間，時間亦然，在鏽蝕腐爛剝落之中，一秒鐘仍是一秒鐘，但又非原有形貌，而是它們在「暗箱」內瞬間的投影或變相。對廢墟的凝視和靈視，是不是消融了他心中的「暗箱」（金門）我們不得而知，但由此「暗箱」（鏡頭和他的靈視）所激盪出的光影，卻給我們的視覺帶來了輕盈和解放之感。

　　卡爾維諾在「給下一輪太平盛世的備忘錄」一書中極度詠歌「輕」的重要，他說「伯修斯這位英雄『輕盈』之處，莫過於他對殘暴可怖，卻又脆弱易毀的生物所表現的奇特禮遇。」伯修斯即是唯一可以不正眼瞧一下蛇髮美女梅杜莎的臉，因而才能砍下她的頭顱的希臘神話英雄。上述引句最值得注意的是「殘暴可怖，卻又脆弱易毀」幾個字。卡爾維諾指的是梅杜莎被砍下的頭顱，是伯修斯始終不敢正視的「暗箱」（現實，比如張國治的金門），卻又是伯修斯隨身必帶的，那是他制勝克敵的王牌。但被砍下的頭顱何其脆弱，伯修斯洗個手都得特意安排，才不致毀損了這個操弄他命運的「頭顱」。

　　以是，當張國治以諸如「鏗鏘的光」、「鎏金歲月」、「光之紋身」、「光影圖騰」、「光影火浴」、「殘缺的圓」、「地上的戳・圓極」、「被線纏繞的柱」、「游向海洋・城堡・窺視之眼」、「集積的廢柏油桶」、「月之變奏曲」、「歲月的履痕」、「煙硝流火的金爐」、「貧窮的華麗」，甚至「壓縮的山水」、「壁上山水」、「被撕裂的詩意」……等等字眼命名他的作品時，他是以「脆弱易毀」的符碼禮

遇「殘暴可怖」的命運。這一切都通過他隨身攜帶的、極具創意的「暗箱」（照相機的鏡頭加上他的眼睛）而得以完成。生命竟可透過「此」而彌合冷酷的兩極——端易毀、一端殘暴；而又能出之以徹底頓悟後的逍遙、抽象之美，讓讀者感受一種超脫的、自由的美感，豈是易事？張國治已近乎得之。 他的「暗箱」收放的能力似乎已不自覺地感應到：宇宙事物「變動的相對性」，具象到底處可能是抽象，有限是無限的集合、此有限再組合出無限。在現代的奈米世界（十的負九次方米）當中，我們日常所見事物開始「性情大變」，一粒粉末都成了高山深谷，日常所謂色澤驚人地變化多端，金非金色，銀非銀色，碳黑可以五顏六彩，脆弱的絲成為堅韌的鋼（這也是蛛絲強勒的原因），以致何者方真，何者是假，莫衷一是，眼睛日常所見的形貌成為不可盡信的虛像。 張國治的攝影藝術似乎預見了更底層的、屬於宇宙本然的變幻不定—以「迷彩」二字形容之，豈不恰到好處？若說廢墟落到他的暗箱中，宛如金門軍人穿著的迷彩裝般惑人耳目，那就像在說火星的凹坑、幾億光年外的恆星或行星們進到了哈柏望遠鏡的暗箱裏，又與一張張星際廢墟式的迷彩圖何異？應也是同樣令人目眩神移、虛實難定吧。因此，張國治消融了形象的「堅實感」（日常所見形貌）之後，帶給閱眾的就不只是一場「暗箱式迷彩」的光影盛宴，而是事物狀態更本質性的觸發了。

收錄於張國治 2002 年 3 月 9 日《暗箱迷彩—張國治視覺意象攝影作品》
視傳文化事業有限公司

穴畫洞看張國治
—新世代詩人大展插畫家介紹　　　　　　　　　　白靈

　　沒有到過金門的人，很難明瞭張國治深沉的憂鬱、以及荒涼的靜默感從何而來。他是一個帶著金門島到處漂泊的人，從詩漂泊到繪畫，從繪畫漂泊到攝影，從具體漂泊到抽象，從厚實漂泊到幻影。他滿手的蒼涼和荒誕像金手印，蓋在詩上、畫上、和影像上。如同所有的金門人一樣，張國治一輩子都屬於那個島，把他的淚和汗昇華成雲成霧，守護那座不大不小、才一百五十平方公里的小島。但比其他金門人幸運的是，那個島一輩子都屬於他，只因他是道道地地的藝術家，金門島便成了他的詩穴畫洞，挖進他的心，深入他的腦，像翟山坑道那樣鑽入地底的花崗岩，直達驚濤裂岸的海緣，無人可以掠奪。

　　在整個華人世界中，再也不可能有第二座島嶼比金門更荒謬、更荒誕也更荒涼。當它從炮火中醒來時，發現自己成了臺灣地區保有最多古老記憶的國家公園，然而擋在眼前的仍是一座無法用一條船穿越的海牆，它仍然離大陸最近，也最遠。它逐漸化身為一塊遭淡化的政治圖騰，慢慢被淡忘為無用的肚臍眼。對一個在壓抑下成長、在死亡邊緣奔跑、抱砲彈殼睡覺的金門人而言，如何適應這樣的轉變？像高粱收割後的冬李，張國治深深感受到做為一個金門人的悲涼，他無法隨炮火飛射出去，唯有透過筆管和顏料讓自己靜靜地爆炸。

　　於是命運的乖離反而成了張國治的幸運符，靈感和題材、色彩和

氛圍像金門四周的海水，源源不絕供給著他，時代不可阻擋的力道大浪般日日鞭策著他。他是少見的用功的畫者和詩人。我們看到在他畫中「寧靜抵抗」的味道，如黑洞強力倒吸著光，張國治透過他的繪畫倒吸著童年的苦痛、生活所思所感，並真誠地轉化、輻射為或具體或抽象的符號，每一筆都洩漏出這土地和時代加諸他身上的不安和憂鬱，他試圖用顏色壓制它們，由此反而更能展露出時空變動在他心中的猶疑和苦悶。他畫中的許多金門景色如今逐步消亡，他所見金門戰火下民族意志的堅定力漸次瓦解，這逼使他不得不改用圖騰和潛意識來重構他內心的世界，而且似乎與厚重的「夜」和「寒」和「藍」有關，這是張國治和全體金門人內心的吶喊。

　　我不知其他的金門藝術家對金門從「荒誕的歷史」走向「荒涼的未來」有何感觸，我卻被張國治畫筆下的世界深深觸動和刺激——那是做為一個華人內在難以言語的悲涼感。知識份子的「器識」應達到何種層界，對「未來」該有何種「預見能力」？當這一切漸與社會的主流意識形成抵觸時，是不是只好以「詩」和「畫」來抵制？張國治的畫作正強而有力地展演了這種「寧靜抵抗」的器識，以及一種極端屬於詩的高度自由感。

2005 年 11 月 15 日文章出處：《臺灣詩學》第 30 期—新世代詩人大展
2005 年 11 月 11 日

張國治的有情詩
—注入詩情的繪畫　　　　　　　　　　　　　龐均

一、認識張國治

　　張國治君與余在國立臺灣藝術學院共事至今，已有十二春秋，我們互論藝術亦有十二個年頭，是藝術朋友。藝術家與藝術家的往來，有時是好友但不一定是「藝術朋友」，因為畫家的創作是獨立的，多半閉門揮灑，不善論藝。彼此無深入機會相交談。然，國治兄是善思考，是博學而能深論之君，這同他在高中時代還是青少年就十分敏銳、多感、善寫詩、文思豐富，是位早熟的詩才有關。

　　國治君在詩壇的成就大於繪畫，他已發表千餘首詩，出版詩集，散文九冊，頗受臺灣詩壇與國際文學界好評。但是，他仍然是一位繪畫人，科班學習設計與繪畫，不但偏愛油畫，而且始終在默默耕耘、創作之中。其職業亦是任教于國立臺灣藝術學院，教授有關設計課程。

　　還值得一提的是，國治君又是一位攝影人。出生於金門的他，在青少年時期就拍攝了無數的金門影像，如今已成珍貴史料。他從金門拍攝到臺北，目前正經常步行到學院執教，為的是：他以繪畫的眼光，創意的頭腦，發現許多美感的本質與痕跡，正在形成他的攝影系列作品。

　　綜上所述，國治君個人的藝術生涯是以下列的公式而循環—「詩」

—「繪畫」—「攝影」—「詩」……。他就在這一迴圈之中互補修養，因此與他論藝，較有實質性的修養深度與內容廣度。他任教設計專業自然而然而就不完全是技術性、機械性的排列組合，而多了一層「詩」與「繪畫」元素的內涵。

　　余與國治君十餘年相處，今日喜看他終於選擇「金門」為他在台的「油畫首展」，這也是對鄉土情感的一種宣示

二、濃濃的本土味與鄉愁

　　繪畫，除了每一畫種的表現技巧以外，最重要的是情感轉換為視覺的傳達，許多藝術家過不了這一關，因此作品流於形式與一表面；或像一張「平平淡淡的照片」，或像一塊一「花布」，或像一塊「大理石」，此乃藝術家更深一層的難題。作品好壞關鍵在於修養深度，不在表面形式之標新立異。

　　國治君的油畫作品，基本分為兩大類別；其一，是較為寫實的，頗受保羅‧塞尚（Paul Cézanne，1839 － 1906）畫風影響的作品。多半以金門然景色為主，那散發出土土的鄉土氣並不亞於塞尚濃濃的鄉情。其二，以「詩情」、「幻覺」、「下意識」、「裝飾」、「線條」、「黑白」等觀念彙集成另類繪畫語言，以半抽象、符號的方式形成自己的海淵情與山水情。誠然，無論何題材，國治君的筆下都帶有一種纖細、多感淡淡的鄉愁，這一繪畫內涵的「質」，與他既是詩人又是設計人有關。

在前一類別的作品中，筆者可以深刻感覺到：「金門」原本是世界上多麼可愛的、和平、樸素、恬靜而古老的家居樂園……世世代代平平安安。只是國、共兩黨的鬥爭達到了最高的形式─戰爭！屬於福建的金門，炮彈來自福建。「金門」成了炮彈下的瓦礫和亡魂。余還清楚的記得那「逢單打炮，逢雙不打，過年，過節不打」的口號。這不但是金門人最大痛！亦是全中國善良人民心中的痛！因為國與國的侵略戰爭與反侵略戰爭是為民族而戰，同「內戰」有所不同。

國治君是在芳草淒淒燒焦的土地上誕生的。青年時代的他，寫了許多戰爭詩：「一頁烽火泥濘／在一個麥苗勒斃收成季／那盲瞳寡婦悼著輓歌／哭著找不到舐奶乳兒」《帶你回花岡岩島，八月》戰火勒死了麥苗，讓母親瞎目，找不到哺乳的孩子，無數悲劇就產生在「她之夫／溺死于一個單號」《帶你回花岡岩島，悲婦吟》。…………

　　房舍在焚燒
　　刀光映磷火
　　篝火升煙硝
　　碎裂躐血泊
　　…………
　　《帶你回花崗岩島，八月》

一個畫家的「金門」鄉情，發自心田如上的詩句，他畫「金門」

絕不是一般的「寫生」。金門對他而言是刻苦銘心的；

　　冷冷詩箋為意象幟熱

　　一場殺戮越過長長沙灘子夜封鎖

　　越過颶風暴雨林木流汗佈署

　　鐵絲網流出激烈的血

　　在秋夜

　　油燈將燼

　　我的雙親為我細述那些

　　焚燃歲月

　　那年我兩歲

　　匍匐在母親揹帶

　　只有啼哭和踢叫

　　在煙硝彌漫炮火呼嘯

　　防空壕濕瀝泥味血漬

　　佈滿棘刺記憶

　　炮臺沉寂，硝煙在

　　斑斑史蹟升起巍峨

　　而帶血的歷史我仰望

　　在鏗鏘的詩中

　　我選擇一個膜拜位置

　　《帶你回花崗岩島，寫一首詩給你》

只有品過國治君一貫地把家鄉「美」和鄉「愁」合而為一地渲泄他內心的求真，發出了淡淡悵惘之愁轉為文思的音符。正如大詩人向明對他的評論「詩的驚喜是一種醉人的驚喜，尤其是當詩以兩種截然不同的語言呈現，解讀和互補各高超技巧的奧秘以後，讀來更是熏熏然」。

有了以上粗淺地瞭解，再讀國治君的油畫作品，藏在畫筆下的內涵昭然若揭；從「色彩」到「用筆」都散發出一種無聲的歷史苦難！他並不把注意力放在「表面透視」，「光影」，「色彩對比」之上。

作品〈珠山村一景〉是作者於很久以前某一傍晚正處離金門之際，回首望金門的剎那印象，與其說是一幅「風景畫」，不如說是他悲情心境之寫照，低空滿布滾滾的如同炮火連天的戰亂之雲。歪歪扭扭古樸的屋舍；今天也許正處「逢雙日」不打炮彈。誰知明日「逢單」之日是否變成一片廢墟？其中亦有國治的家園……。

作品〈金門之冬〉，那冷冷的寂寞，充滿人性不可知的命運，緊閉的家居，看不到炊煙與人氣。

葉落盡頭
突朧枝幹是裸裎的兩具 在
北風中 彼此對望，並且
開始探出艱澀的

語彙 示意愛
…………

《末世桂冠，冬衣》

然後，我們相遇

在砍伐的廢園 夢

裡一片蕭颯

《末世桂冠，冬至》

　　國治君的詩句就在他的畫中，雖然余沒有能力完全解讀，可以肯定的是，他的油畫沒有華麗的色彩與「滾瓜爛熟」的技巧，但它充滿悲情，念舊，苦澀，純樸，深具濃濃鄉土的「草根性」，這是溶化在血液中、散佈於細胞中的精神元素。

　　作品〈農家室內一隅〉是一幅完美的傑作，那笨笨拙拙的粗線，沉穩的褐色；竹籃；一疊白色鄉里鄉氣的花色粗碗，充滿了農村生活的氣息和柴火芳香……，沒有親臨體驗過農村生活的人，是很難體會到較原始的人生與自然，物質內在結合的美感。

　　我們常常聽到「本土畫家」這一名詞，其實畫家出生籍貫的「地域性」，並不代表「藝術的本土性」。歐仁・亨利・保羅・高更 Eugène Henri Paul Gauguin，1848 － 1903）不是大溪地人，但他一生的創作與藝術最有大溪地「本土」化的代表性，這絕非「內容」與「表象」

所至,而是「情感」與「表現力」。約翰・羅素寫道:「印象主義首倡忠於自然的學說」;或者更確切點首倡尊重自然予人的任何印象的學說。這是一種很實際的、立即理會的藝術;或一種直覺反應,而不是一種漫不經心的藝術。印象主義無須調整、修飾,或重組自己的感受,而只須簡單的把個人的感覺既直接,又忠實的表達出來。它同時也是一種公正無私的藝術;個人的感情在印象主義裡沒有地位,就算一件印象派力作予人強烈的感動,也只被視為一種一時的眩惑而已。當尚 - 法蘭索瓦・米勒(Jean-François Millet1814 — 1875)畫農夫在田裡拾穗時,當文森・威廉・梵谷(Vincent Willem van Gogh 1853 — 1890)畫他自己的靴子時,何嘗不含有一絲向社會抗辯的意味?奧斯卡 - 克洛德・莫內(Oscar-Claude Monet,1840 — 1926)也曾有過困苦的日子,但從他的作品裡,卻一點也感受不出。事實上,任何一種對生活狀況持續的不滿或批評,都與印象主義的原則相違,因為印象主義根據定義,是一種隨想寫實藝術。

高庚則別有野心,他相信善用自然而非在它面前卑躬屈膝,是藝術家的責任。

從以上的討論,再反觀以上所提及的國治君作品,他是強調了「結構」的「力」,以較單純的色調凸顯個人在大時代背景下的情感。

三、利用詩的抽象性轉換為繪畫語言

國治君另一類作品是完全不同的,以近作為多。他從無意識的隨

意中去發現、提煉有形的詩，此乃創作境界之昇華。中國的藝術哲學，自古非常講究「無意得天趣」、「不法之法」，但這一最高境界之提前，就是「筆墨功力」、「思想」、「多方修養」，西方的繪畫亦是在探索類似的道路，除「色彩表現力」、「筆觸肌理」外，「線」與「非表像之造型」、「平面化的張力與空間」。畫家往往會被「形式表像」所騙，例如只畫「光影」和「表像」的精確。但是，當能力不及時，又會走向另一個反面，即「為形式而形式」—仍然是一種空洞的，沒有內涵的，甚至完全沒有基礎的（包括有繪畫技巧修養）之「形式」，即所謂江南方言的煞有介事。保羅・克利（Paul Klee，1879 － 1940）說過對於繪畫意義極深的哲學，即「對藝術家來說，與大自然的對話是必要條件。藝術家是人，本身是自然，是自然裡的一個自然 ……」，「線元素的標記是尺度，明暗元素標記是份量，顏色的標記是質地；這些形式的資源、尺度、份量、質地，雖有著根本上的差異；彼此間卻發展出特定的關係。顏色是質地，份量與尺度，線則只有尺度。在純然文雅的顏色領域中，這三者互相重疊。可以掌握些資源的話 —就保證可以把東西塑造得很有承載力，讓他們可以到達更遠的、遠離知覺的向度裡。同樣的批判意義從負面的角度來看也是適合於這個造型階段的；這裡也是那無法達到最大、最重要內容的地方，並且儘管有著心靈的基質還是要失敗的，因為在形式的層面上少了方向的辨認。」（摘自保羅・克利教學手記／周群超譯／藝術家出版社）

　　國治君近年的作品是半抽象、符號的，以山川、大海自然現象以及生理現象的心靈感官為創作源泉。從小在金門島長大的他，對海

的情感是毋庸置疑的，海的神秘、人與海的互依互賴都是他腦海中的
「詩」與「情」，他偏愛深藍色和深藍綠。以餘淺見，油畫統一的深
藍色，技巧是很難發揮的，肌理的變化不易凸顯，但作者卻以透明油
畫色反復重疊與「乾擦」，效果別是一般。

　　作品〈船堡〉，與其說是一幅平面的「變形畫」，不如說它是一
幅「有形詩」，其線條、造形富有詩的韻味，好似夜空停泊的漁船；
亦好似浮出深海的珊瑚礁；又似月色下的海市蜃樓，有太多的想像空
間供觀者發揮。但余的感覺，總有一種盤根錯節的哀傷，但不必「解
套」，人生本來如此。……。

　　作品〈星夜曳航〉就比前者輕鬆多了，帶有童貞的幻覺，造形、
線條都很優美，色彩在強烈的對比中，富濃厚裝飾性。分解的造形再
次組合構成，在似與不似之間，呈現新的視覺影像，此幅作品的底色
處理得很好，有粗布「蠟染」和「磨漆」趣味。

　　作品〈意象的海洋〉是一幅運動形式的構成圖像，看來像深海中
大大小小的「花魚」，但並不重要，海洋中的生命與活力才是主體。
一種似乎海洋重力消失的景象；那圓形和半圓形的符號自由地擺蕩，
顯現一種純粹的運動形式，但巨大的生物（一條大魚）以漸強的引力
把小生物束縛在它的四周，沒有像宇宙太空那麼自由自在。也許在平
面抽象的裝飾感中，圖騰最後仍然無法擺脫自然規律的存在。

　　作品〈山水誌系列之（六）〉是一幅佳作，作者以擺脫了描繪山水
景色之表像，擴大了「局部」造形，非常簡化地凸顯了自然的永恆，
他吸引了中國水墨畫、黃賓虹、李可染的「惜水如金」的方法，即「留

白」很少，白色線條穿梭在深藍色不同明度的方塊之中，透明色留下
了自然的紋理與筆觸，以山而論，它並非畫「臺灣山」或「大陸山」，
而是文人心目中山水情，更具永恆的藝術價值。

　　作品〈生之版圖〉，以余淺見，是一幅抽象而隱微的表現「性」
的主題。自古以來，藝術家對表現「性」總是興趣濃厚，只是不同歷
史時期，有所美學道德之規範而已。這亦是人性之本能，男女人體原
本的美，總是勝過穿衣偽裝的美。但是近、現代許多畫家直接描繪「生
殖器」本身，這就是人體的精神價值淪為低俗、醜陋，反而平淡無奇。
「性」是很高尚、有生命、有感情的自然物，要把人的「精神」、「情
緒」、「衝動」等等「無形」的現象「符號化」，變化可視的「形」、
「色」、「線」、刺激人的感官是非常困難的事，絕不是從表像描繪「生
理現象」，往往只能在下意識中獲得靈感。以筆者淺見，畢卡索是表
達「性」的高手，因為無論甚麼色彩、構圖、造形都充滿了喜怒哀樂
的發洩。國治君的此作，基本是平和、抒情、優美的生命韻律，好比
音樂如歌的行板，並無複雜混亂的次序。以平面裝飾性的曲線暗示生
命的活力，顏色優雅而沉穩。

四、為創造具體內涵的本土現代油畫而努力

　　國治君的油畫作品，初視之，並不是那麼色彩絢爛有震撼之力，
而是需要細細品味的「有形詩」，他同時是一位詩人，畫作自然以中
國文人情懷為主軸。他又是一位多才多藝的有設計修養和攝影修養的

人，他的藝術成長當然脫離不了他的生活根基，絕不像不少畫家始終茫茫然地跟隨西方畫風而失自主力。

藝術的「民族性」與「本土性」，是許多學者常言的話題，但對畫家而言，絕非畫了一間「土房子」與「舊曆」就具備了「本土性」，感情才是重要的。國治君太愛他的金門之鄉，無論他所畫的房屋、街道、海、船、魚等都散發出一種予取予求的非常自然的鄉土味，實屬難能可貴，此乃臺灣藝術必走的藝術之路。

結語

筆者既非「理論家」更非「評論家」，余是沒有資格和能力詮釋張國治的油畫藝術，只因囑我隨筆，斗膽撰文，甚感歉意。在此衷心地祝福國治君在金門的首展成功！

脫稿於 2000 年 1 月 1 日
刊於 2000 年 1 月 20 日《金門日報》副刊

張國治 農家室內一隅 油畫
60.5X72.5cm 1996

詩眼倦天涯
一從遇見影像詩人張國治開始　　　　　黃健亮

　　小記：張國治教授是我一位「相見恨晚」的老師。說「相見恨晚」是因為在離開藝專二十年後，又重回校園的第三年，才在若干機緣下，上了「視覺傳達設計特論」的課，對喜愛攝影的我而言，這是一種難得的視覺盛宴，可惜彼時已是滿腦袋畢業論文考試，「山雨欲來風滿樓」，加上種種外在因素，受教時間有限，殊為可惜。

　　匆匆一學期即將結束，依例要交出心得報告，蒙老師體恤這群老學生正為論文而焦頭爛額，在這方面給了極大的自由度，「就寫篇影像的報告來吧！」

　　老師說的慷慨若此，學生其實更不能馬虎以對一畢竟自己也是個「心情其實過中年」的老學生了。

　　於是開始思索——是不是存在有一種課業報告，是不用依照論文格式的？（天曉得我剛脫稿的十萬字畢業論文共有 358 個註！）是不是存在有一種作業報告，是低度依賴 google 的？（如果全世界的搜索引擎集體中毒，那所謂的「學術界」的論文產值，或許要欠收 50%，此乃資訊蝗災。）……適逢張老師舉辦「2005 年攝影＋觀念、裝置藝術展」，那就用「影像隨筆」的概念，我手寫我思、我看、我得，以此作為研究所三年最後一份，且純度達 95% 的報告罷！

一、

這一切，都要從遇見影像詩人張國治和他的作品開始——

對自己老師的作品用「遇見」不是不敬，而是試圖從「師生關係」中暫時抽離，以便於忠實記載「觀眾甲」與作品（或作者）的互動過程。

這「互動」其實是單向而雜蕪的，也請老師允許我以下的思緒、文字在您的「紅色場域」與我的「自由隨想」間的無序跳躍。事實上，這也是展覽迴響的一部份。

用「詩眼倦天涯」摹寫我對張國治老師展品的印象，是因為張可久此一佳句，其妙在「倦」字，妙在消極批判，詩人的詩心、詩眼未必真要疾言厲色，「決定性瞬間（The Decisive Moment）」事實上也決定了鏡頭後面那人的胸中丘壑。

二、

由於預設了要將參觀「紅展」心得作為期末報告，為此，我適度地、有意地與展品一旁的紅底白字說明海報保持距離，一種意象上的安全距離。一種試圖免於「先入為主」的安全距離。

這是我所強迫自己必需進行，並作為自我訓練的藝術欣賞態度。

事實上，小時候看電影前，總要在戲院入口處拿張白報紙印紅字的「本事」，就著周遭昏暗的光線，匆匆讀完，以便迅速獲取一種安全感，一種稍能掌握即將發生的情事的安全感。至今回想起來，少年的我一定是缺乏著「安全感」的生長激素，這是「資訊恐慌症」的初期病徵。

　　江山易改，時至今日，當我將百事達 DVD 送入 play 前，仍不免要先看完匣背的情節提要……

　　對於資訊的莫名恐慌，隨著經濟獨立後，似乎找到了一點出口。在辦雜誌的七年裡，有很長的一段時間，我同時訂閱著六、七種雜誌。更別提，簡體字書大量叩關後，書架早就潰堤失守———一如民國三十八年的紅潮赤禍，一瀉千里，不知伊於胡底。

　　離題了，回來，回來。（此乃李立群《台北怪譚》的經典情境！）

三、

　　關於「觀眾甲遇見影像詩人張國治的作品」這件事，請容我引述一段文字：

　　「一個欣賞者可以沒有藝術技巧，卻不可以沒有藝術心靈；可以沒有動手能力，卻不可以沒有體驗能力。因為藝術品畢竟是一種精神產品，藝術欣賞也只是一種心理活動，而心靈總只是和相同的心靈對話 。」我想最後一句話應改為「（欣賞者的）心靈總只是和他自以為相同的（藝術家的）心靈對話。」

　　蘇軾《題西林壁》：「橫看成嶺側成峰，遠近高低各不同」，其實這也是對藝術欣賞的描述，藝術欣賞通常由兩種角度所形成的一百種面向構成，第一個角度是藝術家自己的角度，以及他所掌控並呈現的面向（展場、作品），另一個角度是由欣賞者與他對映作品所產生的九十九種面向構成。所有的展品都只是萬花筒裡的五色碎紙，藝術家只需決定色紙的區塊、色調、形狀，再任由窺探的一千個欣賞者隨

機搖出一千種絕不重複的面向──這不但是展覽的本質，也是人類所謂「溝通」的真象。

杜耒《寒夜》說：「尋常一樣窗前月，才有梅花便不同。」窗前月與梅花其實都是作者安排的作品，「不同」的是欣賞者的觀照體會。

對資訊缺乏抵抗力（或謂資訊飢渴……）如我者，若不慎誤入藝術家所預設的「因為……所以，果然……」，便會若試著從藝術家設定的那扇窗看出去，「果然」看見一樣的風光山月，果然是嶺不是峰。於是，知其然並知其所以然，觀者展者兩相圓滿，皆大歡喜。套句大陸語法，這是必然的偶然。（那末，「決定性瞬間（The Decisive Moment）」又是攝影家的「必然」還是「偶然」？）

金庸從來不去參與「金學研究」，因為一說便俗，不如任人評說。

布列松絕不輕易成為影中人，其理亦然。

距離是一種美感，一種空間藝術。

於是，與藝術家的理念表白保持若干距離，就提供了資訊恐慌的我一種「絕對安全」───如紅色之於張國治。

四、

紅色，一種來自人類心臟，以生命之力噴壓而出的本色（local color），然而它的真色（true color）卻是由人類的大腦與行為所定義。

美國馬里蘭大學的研究人員發現，女性眼中的世界之所以更美麗，是因為自然賦予女性雙倍的感知紅色光譜的基因。

暗房裡的紅色象徵著安全，暗房外的紅色象徵著危險，

這岸的紅色象徵著理想熱血，那岸的紅色象徵著專制極權。

當然，張國治「以紅為名」自是意謂著紅色之於他，有著特別的意義。張的紅色是屬於防空洞的，是屬於暗房的，是 low key 的，這些都不是水平線上的，更不是陽光下的，所以它們被陳列於地下室⋯⋯（天啊！到那裡找這樣一個展場，這地下室簡直就是為「紅展」挖的。）

第一次參觀時，一樓展場正上演著神秘而詭異的行動劇，我在 David Bowie 的強勢樂音中，發現了地道，並拾級而下，看到了更令我心有所感的作品⋯⋯

地下暗房的場域，讓我不禁想起《哈利波特 2 消失的密室（Harry Potter And The Chamber Of Secrets）》。暗房裡的紅色是哈利波特的隱身衣，連最敏感的感光相紙都可以騙過。

三原色光中，紅色光的波長為 700 奈米。由於人眼只是對波長大約在 400～700 奈米這一狹窄範圍內的波才敏感，因此，紅色便帶有「戒嚴」的色彩，一個無形的介面，分隔著可見不可見，可行不可行。

在這條 red line 構築的刺網以內，基本上是沒有地雷的，紅色所提供的安全服務在概念上，等同於微軟視窗的「安全模式」，

等同於 CF 卡插槽的「防呆設計」，等同於警備總部 all in control 的「絕對安全」，等同於歐威爾《1984》中的老大哥（big brother），等同於若干人懷想的日據時期沒有小偷的警察社會。

是的，我們有權要求「絕對安全」，但總要有人為此付出 something 吧！於是，為了獲取「安全」，我們不惜扼殺無數的可能。

張國治鏡頭下的戰地、鎮暴，無疑就是「安全代價」的一部份。

　　有點遺憾的是，對「觀眾甲」而言，戰地金門的紅色只是張國治個人的成長體驗，幾乎與我的個人記憶、經歷無關。即便只是十年，也是一個世代，世代之間通常設有紅色的安全燈。面對別人以旋生旋死所換來的戰地情境，我就像紅色燈光下的相紙，安全而不感光。時間其實是一種隔離劑，更是一種定影液，在這之前的，在這之後的，涇渭分明，如如不動。

　　其實這也不盡然，世代之間仍有某種超連結（superlink）存在。在我的世界的紅色，雖然與戰地無關，卻與暗房中那酸酸的鼻息充分連結。就像人們懷疑可口可樂的配方含有嗎啡一樣，年輕時的我，幾乎要懷疑顯影液中滲有嗎啡，讓人上癮，不能自拔。即便是二十餘年後，數位影像（Digital Image）橫行的今日，那股悶酸又帶尿騷的氣味（學生暗房那有不設在廁所的），仍令人難忘。

以透明思維擁抱故土
—讀張國治詩集《戰爭的顏色》　　　　　　　　朵思

　　《戰爭的顏色》是個抽象而聳動的書名，從書名印象拓展的想像空間，觸及的必然是他生長的那塊土地實質的感覺系列。

　　波赫士說：每個時刻都是獨立存在的，無論是復仇、寬恕，還是監禁，甚至是遺忘，都不能改變獨立存在的過去往事。

　　因此，作者從不考慮政治角度的立場出發，以忠誠的態度，在詩中涉及存活在記憶中的昔日陳跡，現實的時空流程，坦然一一表露他所觸及的溫馨親情，和戰事籠罩下的金門印象，嚴格說來，卷一〔帶你回花崗岩島〕和卷二〔想家的時候〕，戰爭的陰霾，鮮血和炸彈，只行走在字裡行間，直到卷三〔戰爭的顏色〕，金門的圖象才在離鄉的遊子心靈直抵自己生長的土地時，明確而突出的刻意雕鑿出來；那是發自內心摯愛的擁抱和焦慮的關懷，拼貼出來作者久久隱藏在內心深處的脈絡與方向，讀者可自其中欣然窺知作者潛意識浮現於文字的真實心聲。

　　此書共有五十首詩，年代自一九七四年迄至二〇〇三年，其中卷一是早期十八年間的作品，那些詩作滿溢著對現代詩極度熱愛迸出的閃亮火花，也充斥初習者稚嫩的新鮮感度，猶如其構造的另一種異質內涵正撞擊空氣中的微粒子，使讀者為之震顫，尤其是〈花崗磐石〉一詩，大膽見證了一段曾經發生過的史實，其寫景、寫實，或許在此

刻是稍顯敏感的綱目，但一如二二八事件確有其事一般，是時空錯置下無法抹去的傷痕。

　　那天空有多大
　　祖先的土地就有多大
　　……
　　……
　　肅殺的新秋，被炮火輪笞祖地
　　齒音戛戛
　　滾滾沼泥血漬鄉顏
　　四十七萬發炮彈碎落家園
　　宛若滿地蕃薯
　　……

　　在世界地圖上，臺灣很小，金門更小，但在金門子民的心中卻是無限廣大，而肅殺的秋天與血漬鄉顏的疊置，更是揪心的痛楚，此詩較近〈帶你回花崗岩島〉，隸屬陽剛之作，即使堂屋泥印疲乏的現代步伐，卻仍有心「認知土地的創傷，去工作／去傳承溫厚的土地」，讀之，心胸為之澎湃。

　　此卷中剛柔並濟的是〈眼淚總會遞給我一首歌〉，作者讓淚與歌涵泳成一體，較柔性的是〈奔向歌聲〉的童年追憶；印象中，我總覺

得作者的詩作敘述性強過靈光乍現的知性性質，但〈一組不安的歌〉
和〈南方六段〉卻推翻了如是的錯覺，如〈津〉一詩：「你已被誤植
／一些鏽與銅綠的陌生／在記憶開口處／旋深旋深／慌慌張張是／一
張泊過的臉／覓著津口。」鏽與銅綠的陌生是敏感度十足的體會，泊
過的臉，覓著津口，又留下遐思。

　　而在〈告別金門〉一詩，則佳句疊置：

　　港口呈示歲月去向

　　……

　　海灣的淚珠化為燈火

　　舟子以浪人的默思

　　正面對未知

　　我依著港口撕裂的笛鳴

　　邁向星光

　　……

　　淋濕的島突然倒退得很遠了

　　……

　　請以最初的錨

　　繫緊我的纜

作者淒然向生長的土地告別，以致笛鳴才會呈撕裂現象，表露出

遊子對故土無限的纏綣之情。

　　而〈二胡〉一詩是凸出之作，讀之，發現作者留下的追憶空間可供讀者自由馳騁。

　　卷二《想家的時候》，則是一九七七年至一九九九年的作品，此卷中首推被收入國中國文選修讀本教師參考手冊及多種國內重要詩選集的〈一顆米如是說〉，米是東方國家主食，作者以主體敘述的方式，勾勒出它的價值能量和形象，使讀者在淺白的文字中找到熟稔和感恩的呼喚，作者曾私下表示：米，若一直是世界某些國家的主食，這首詩便會一直，流傳下去。

　　而被李魁賢編入《臺灣文學選》的〈那個年代〉，是以組詩方式呈現，它以正確而充斥想像空間的圖象指涉荷負了整首詩的重量。

　　　我回頭凝睇，那層層飄揚的
　　　標語書法，我知道將被裱褙於風中歷史
　　　拓印於草莽時代的碑碣

　　作者為美術學系出身，很自然的把美術術語應用於詩中，因為裱褙和拓印恰恰吻合風中歷史和草莽時代的碑碣，故而顯得貼切且直觸心靈。

　　〈戳記〉是紀念九二一震災之作，作者以廣被的愛來關注周邊現

實處境，充滿悲天憫人的大愛。

　　其實，此卷中較突出的是〈一個浪子〉和〈遺書〉，前者以散文詩形式呈現，結構完整，意象貼切，讀之，不意間有股辛酸在胸臆間洶湧，後者一再以疊句呈現，而大凡疊句都容易陷入無病呻吟和雕鑿痕跡畢露的窠臼，但此詩卻不斷推陳出新鮮的意象。

　　　　他們留下了生命的激情
　　　　給土石沖刷
　　　　他們留下了無名的憂傷
　　　　給溪流洗滌
　　　　他們留下空無的吶喊
　　　　給黑暗的山谷去迴盪
　　　　……
　　　　……

　　而此卷和卷一中，則有多首對其父、母的感恩之作，如〈夕暮裡的母親〉、〈照相〉、〈母親節〉、〈想家的時候〉、〈歌吟記憶的外島〉、〈冬日小徑〉和〈季節的聲音〉，可見作者是個孝子，他有幸有著完整的父母之愛，也衍續了他對下一代的親情，如〈孩子，讓我對你說〉和〈源頭〉、〈初秋早晨〉。

　　卷三《戰爭的顏色》是二〇〇一年至二〇〇三年的作品，大部分
為未發表之作。而此卷中，除了〈肉身十字架〉和〈他們的半島，我
們的圓島〉之外，則完全以金門鋼鐵的形姿與讀者的耳目相碰觸，卷
中可斷然看出作者對金門土地由衷緊密擁抱的熱烈情懷，與乎敘述性
濃烈的詩性氣息，題金門高粱、題金門菜刀，此刻，我們來看包紮了
沉重心情和歷史包袱的〈歷史切片〉一詩，寫的是金門菜刀：

　　你一直是內在熊熊火熱壓縮

　　外表冷峻尖刀的絕情物

　　無物比你更冷酷更無情

　　從焰火裡來的，又從火裡回去

　　這是無法更改的宿命，注定要在水深火熱

　　輪迴，…………

　　…………，承載歷史重量

　　射落被詛咒被意涵的彈丸之地

　　金門子民對這種記憶的烙痕是痛楚的，在心理上很難撫平。因此
之故，對伊拉克戰火更能深入體會，在寫給伊拉克的阿里一詩，后記
註明：阿里失去雙親，失去雙臂，對媒體說：「我想要這雙臂，因為
我要用它來工作。」又言：「一座山也承受不了我的痛苦！」聞之令
人鼻酸。

薄薄的身軀，不只承受一座山的沉重

扛起沙塵半島哭泣的鉛重

承受整個土地黑色的憂傷

還要容忍仇恨種子深埋土壤成長的擠爆

繃帶下流血的內心灼傷難復

　　作者以堅實的文字描摹失臂阿里的沉痛，不就是他本人承受金門在戰火下那種痛楚的親身感受嗎？在〈他們的半島，我們的圓島〉則把半島阿拉的子民和我們的島相比對，然後，排比出嘲諷的戲碼，雖然此詩的結束稍顯不足，但大膽指陳別人不敢直指的實境，則充分顯示了做為一名詩人的良知和本份。

　　當然，作者隸屬中生代，他的詩作至此還無法蓋棺定論，但這本詩集的內涵卻讓我們深信他形而上的思維，和美術攝影相濡以沫，當會有更光燦的前景，寫出更深邃、雋永的詩作。

刊於 2003 年 9 月 7 日《金門日報》副刊

桂冠上的顏色
─讀張國治先生詩作及繪畫攝影作品　　　　　　海上

　　人類的何種行動被命名為「戰爭」？揭開《戰爭的顏色》，詩人告訴我們：「我不只是寫下砲聲鄉音，我還要寫下戰爭的顏色。」

　　顏色？難道戰爭還有其特殊的色彩？

　　這部新版詩集是臺灣詩人張國治先生的跨越兩個世紀、三十個年頭的「主題更加入世」（詩人語）的選集。摸著燦爛的封面，讀著書名，它們頓時勾引我吞閱的慾望。

　　詩人還說：「有形無形的戰爭其實一直都沒有離我們遠去。而寫詩何嘗不也是一場隱形戰爭，……。」在我們人生途中，戰爭竟然一直緊挨著我們的肩，緊貼著我們的背，而且我們也投入了有形無形的戰鬥。地震與瘟疫……有時我們從驚愕中回省時，發現我們四周都是文明遺毀的廢都。

　　詩人用文字的槍彈抵禦厄運的進犯，並且與惡俗和功利肉搏在陣地上。啊！詩人就是戰士，而「詩人」這一榮稱就是文化戰士的「桂冠」。

　　手上還有張國治先生九十年代末出版的《末世桂冠》〈一九九八年五月十五日〉及二○○二年六月出版的《張國治短詩選》。（這兩部都是中英文雙語對照版式）

　　每一場戰爭都有不雷同的顏色，每一頂桂冠上也綴爍著不膺複的色澤。

　　這就成為我要閱讀的理由，甚至於不遺餘力地在詩人描繪的色彩原野中跋涉……

　　從最初的印象迄始，張國治先生是一位躊躇滿志的戰士，亦是詩歌陣地上的將領。他具有歷代詩人最基本而優秀的素質。在《戰爭的顏色》中，我們可以追溯詩人對故土的鄉音之　眷戀，因而由此展開的對生活熱愛。我們還可以感受著他悲天憫人的情懷……大時代的都市背景在他的詩中常常以套色般的版畫隱現。在《末世桂冠》及《張國治短詩選》中更有不凡的抒情和表達。

　　面對這麼一個有「戰爭」特色的，把詩箋當作戰場的充滿鬥志的詩人，我們懷疑自己能不能在同一個層面上來解讀他。大陸玩世不恭的詩界與臺灣上下求索的文化精神簡直不能成正比。在我看來，臺灣文化更忠實地繼承了漢語傳統，而大陸的文化至少在為「傳統及現代」的是非恩怨中繞了幾十年的口舌，走了幾十年的彎路，而且有太多太多離譜的聲音。曾有很長一截時間大陸的文化人把「偽傳統」奉為圭臬，使大陸的文化肌體至今還有這種毒素浸淫過的烏痕。

　　站在一個嬗變的苦難的大地上，中國大陸真的除了狂稱「英雄」，實在毫無詩意地棲居並浪漫。於是大陸的「自強不息」中摻雜更多的阿Q式的革命性。

　　同時由於這般那般，大陸的新生代已沒有「傳統」可拘泥，而臺

灣文化卻多了一種泥迂的風氣。

　　近些年來，我讀臺灣的華語詩總是覺得太雅或者詩腔詩調。這期間的走向脈絡並非一個單純的原由造成的。

　　如果說寫詩是場隱形的戰爭，詩評等於是軍事分析。看來還得通悟《孫子兵法》──當然在中國文化中也沒有一部《詩學》供吾輩仿效。

　　詩人。這頂桂冠其實很炫華，除卻當今中國人濫稱那些寫過詩或寫著像詩卻非詩的人。譬如我就從來沒敢稱自己為「詩人」，我怕自己也走入「似是而非」的歧渠。我三十餘年的詩寫生涯，並沒有讓我寫成一個「詩人」，至今我仍然是一個沒有理想抱負的藍領工薪族。所以，當我讀到張國治先生那句「寫詩也是一場隱形的戰爭」時，驚異過後，我只得承認自己是生活在戰爭後方的老百姓，是需要軍隊保護的老百姓。只有到了「全民皆兵」的戰爭汪洋中，我才可能陌生地進入陌生的戰場。

　　歸於一句話；詩寫三十年有餘，並非就算勝利。

看一頂桂冠怎樣才會在涉入戰爭中染上顏色吧：

　　鏗然黑夜降臨了

　　當海風來襲

　　一疋橫波長沙灘

　　我們等待啟程

　　‧‧‧‧‧‧

．．．．．．

海正無垠展開

我離開那一片故鄉海灣時

淋濕的島突然倒退得很遠了

故鄉啊！在不可及的夢裡

請以最初的錨

繫緊我的纜

——〈告別金門〉

渺茫的灰藍出現在遊子的視窗。我有太多詩人這種告別故土的同感，雖說世界的召喚讓我們背起簡單的行囊，但那顆繫著鄉錨的心纜卻是緊緊地牽疼了性命。

隨著征途的切換，顏色也隨著歲月四季而嬗變……我注意到張國治不僅寫故鄉金門，而且也寫被後工業怪獸盤踞的都市……為此，他常常緬望大自然（包括春夏秋冬的時節）。他已經在精神的戰爭中認領了個性的旗幟。

在〈季節的聲音〉中，令我動容的思母情結同樣亦觸喚了我因生計的疲憊而逐漸麻痺的神經。情結是一種患難，而詩人身處異鄉，目睹「更遠還有燈火有一個流血的城市」（〈眼淚總會遞給我一首歌〉中的詩句。），倍感孤獨。

詩人以「流血」命名一座已被命名的城市，既讓我讀到了城市的

嘈喧，更使我看到這個驚怖的「顏色」─詩人何以如此擅長對命名物著色呢？原來詩人是個視覺藝術家；他不僅涉獵多項藝術領域，並可以特立獨行地發現旁人不以為然的構圖和色效！後面我還會談及有關詩人的其它藝術作品。

譬如說，詩人在賦予漢字詩意指向時，同時也會用鏡頭或色彩輔以雙重意境。

抒情，情切意真地向我們敘述關於故鄉金門，關於那座故鄉的島，關於島上永不消逝的童年，關於從童年蛻變成遊子的記憶，關於詩人目擊的社稷（土地和糧食）……從動態到靜物，他給了我們很多喘不過氣來的情緒。相比之下，我的「喘不過氣」和他娓娓不竭的來勢，他有巨大 的吞吐量；他裝載了所有經歷的的事物，而我空空如也，缺乏情感。

詩人，張國治氣數盈肺（他的追求真情、真義、真理的正氣憋在全身上下的骨子裡）。他不同於我們常見的那些有企圖而沒有內涵的「詩人」，也不同於那些斷斷續續而功力欠足的「詩人」。（哪能隨意稱之為詩人呢？）而他真的是一股作氣地在個性的視窗裡，追尋著純正的夢境（未來）和記憶（過去）。

追尋靈魂的家園，這正是詩人給予人間世態的最不具商業價值的（應該不被商化的！）親證。這個道理至今都不能被人們接納，免費的道理似乎遠離人類的現實，而人類巨大的痛苦卻常常源於靈魂（自我）的失蹤，人類中的許多人的失蹤是因為沒有認出自己，導致在迷茫中不被認領。

　　詩人的家園引領，最終使文化本質歷經時代變遷而不至於潰散。中國文化近百年的斷裂（尤其是中國大陸）正是由於詩性的幻滅，從而導致文化嚴重缺席的一場場運動或一次次荒誕的思潮。直至今日中國大陸都難以恢復「國學」的氣脈，它傷痕瘡痍的肌體有著被玷污的痂！

　　但人們還是關注於唾手可得的物質和財富。

　　任何一個有良知的詩人都是歷史的代言人，張國治先生並不痛恨科學，所以他不可能對文明的成果──城市有切齒之仇。他是揭露城市繁華背後的摧毀靈魂棲地的物慾怪獸、斂財機器；這一點足以證明他赤膽的操守、質樸的道德。

　　這個不可理喻的世界時而瘋狂，但我們詩寫者必須可以理喻；我們對世態失望，但對未來不能失望；

　　我聽到四季的頌歌，激揚如昔
　　持續地，不是哭泣和悲傷
　　歌聲中有我忍不住的純摯

　　　　　　　　　　　　　　──〈奔向歌聲〉

　　詩人的心性總是嚮往詩意地活著、詩意地居住；真正的詩人不吝嗇交付純摯。

我們向土地再學習意志

合院祖曆琉璃牆後一畝田

春分時節，我們可以耕種高粱

包穀，看一粒麥糧迸開新芽

——〈帶你回花崗岩島‧3〉

堂屋泥印猶存我們疲乏的

現代步伐，幽蘭在院前吐納

匾額高懸，仍有朗朗誦讀隱現

——〈帶你回花崗岩島‧4〉

彷彿一只魂鳥，找回純正的記憶，調整漂泊的心緒。回望那些昔時不經意的平凡，重捕生趣。記憶的翅翼讓它一次次回巢重溫時光……

這一切都是校對意志、校正志向的最簡樸的法寶。每一次回巢重溫時光，又會帶來新一輪的認知；家園亦是靈魂的甲骨文，每破譯一次，總是新的驚喜，而所有的往返都不會徒勞。在一首極為精緻的短詩〈藍調〉中，我讀到了可以詮證的兩句話：「在甲骨文的刻鑿中／轉化成永生的密碼」。我知道這個「永生」是指向靈魂的。

張國治先生是一位注重修身、哺育人格、健全品行的藝術家，在他看來人生本質上是一件天然的藝術品毛坯，鑿鑿刻刻的歲月裡，全方位地視察自我，並從不放棄尋找最佳狀態……早在一九九一年出版

詩集《憂鬱的極限》時，他呼籲「文學家、詩人、畫家應該衝破商業的壟斷，設法『自我綠化』以宗教的情懷將愛與希望通過藝術手段來彰顯」。

大陸詩人還來不及思考的「後現代」之憂鬱、之極限，張國治已經恍然頓悟並呼籲─儘管我以為這種聲音被嘈雜的市井聲淹沒，或者被截斷在人們難以寧靜的妄念之外，但他不卑不亢地說了出來，他以藝術的敏感思維孵化著「後現代道德觀」。

直至今日，大陸的一批號稱「後現代」的詩人也不知道，一個民族、一個國家、一個文化怎麼走著走著到了「後現代」？怎麼世界還沒完全被真正認識的匪痍時刻就出現了「後工業」？他們只知道「現代主義」又不走俏時髦了，更為前衛的意識是「後現代主義」，更有甚者，一些理論家們一夜之間對「後」字情有獨鍾，將許多術語均冠上一個「後」字。（前些日子我還看到一個「後媒體爆炸」……。）這些朝三暮四的追潮一族們，可憐他們缺乏的正是屬於本質的文化體系，他們的「知識」來源與結構是組裝拼湊的，而不是融匯於本質的文化信念中。所以，大陸曾出現過許多經不起考問的和本質文化脫衍的「現代藝術」─這種假冒偽劣的製造或多或少地暴露他們幼稚的摹仿和濫造。

文化的歷史長河，哪怕河床偏移；但它至少是傳承因果關係的。迄今為止，在大陸的美學理論界仍然使用著拼湊得漏洞百出的價值體系，並以此去衡量有幾千年文化植被的風景（而這個美學界毫不羞恥！許多人揣著西方文憑可以嚇唬「病人」。）

　　我說的「病人」，就是中國的作家、詩人或部份疑似藝術家—這是最容易患病的一族，尤其是他們的免疫能力早已被功利欲念（內患）抵耗，他們趨之若鶩的神經已然繃得瘋癲，他們太需要文化體制的撫摸……。

　　這就是體制的魔力所在，文化人的隊伍，詩人們都歸順就範於唯一的意識形態了，他們終於被「承認」，被「接受」，原來這就是他們文化的理想、詩寫的目地；在這之前的一切「秀態」均是給「後媒體」關注的「後行為藝術」？

　　後來，我們可以一直不用去搞清楚什麼來龍去脈了。成功後的藝術家們自己也找不到回家的路了，正中了張國治先生的〈狼尾草〉的詩言：「都市狼尾草／忘了回家的路」。

　　一個「苦難秀」的最終歸宿是，靈魂迷失的苦難；中國特殊的建國歷史養育了一大批「文化苦旅」者，還種植了一片只會傾訴苦難的林藪……。

　　綜上所述的指向，我想說，「後現代」是人類在靈魂追尋原鄉之途中的發現：「人類並非傳說中的主角。人類是一種複雜的能量組織形式。如同其它形式一樣，人類大概也是暫時性的。」（〔法〕讓——弗朗索瓦・利奧塔《後現代道德》）

　　選用法國學者的論點僅僅是說明，我們意識到了，但缺乏總結；在「後現代」問題上，歐洲較之我們亞洲略早。在我們亞洲人還忙於致富的生態時，我們沒有像歐洲人那樣善待自然萬物；我們的謙虛是勢利的（對萬物而言）。

這顆地球上「有能量組織」的物種不僅是人類！「其它更為複雜並佔據人類上風的形式會出現的」。（《後現代道德》）

醒世警言，文化的良知應屬於敏感的詩人。張國治先生佔據眾多詩家的上風。他更早意識到了這場人類靈魂還鄉的艱澀行程。於是和頹廢派對峙在道德審美的這一邊，積極地向生活進取，強化人性的完善。

一個好的詩家，是善於發現的人。發現，是最具原創性的藝術。（這點我們可以從張國治先生的攝影作品中得到證實，並且驚喜於他與眾不同的視角。）

在人類能量倍受質疑的今天，物慾侵蝕了曾經是「愛」和「希望」的位置；詩人的焦慮正是文化結構的焦慮。

至此，我更深一層理會了張國治先生所預示的「隱形戰爭」——一場有顏色能量的、視覺衝擊的戰爭。

至此，我從戰爭的後方，移步跟上了詩人的彩色的腳印⋯⋯。

在〈末世桂冠〉中我勾出了這些詩句：「他極其古典的側面／常被雷射的霓虹／狠狠割傷」人是脆弱的物種，他們受傷於自己所創的文明環境裡，（雷射的霓虹或許正是一場美麗的謀殺？）人類已有太多例證來提供來自文明場景的傷害，也許人類根本沒有能力建造一個完完全全能棲息軀體、安撫靈魂、恢復元氣的家園，只是鬼迷心竅地發明了一些使魔鬼得意的死亡遊戲。

一朵紅豔的玫瑰

總是裸裎在他胸前

它收集羊齒植物黃褐的複葉

萎縮的百合

枯乾菊花的雛體

而所有的欲望

總被擱淺在彩虹的邊緣

不久，我們將看到

美麗的晶體

從一個粗糙的沙粒、礦物質

風化還原成

末世最後出土

一頂璀璨明亮的桂冠

——〈末世桂冠〉

　　在我挑剔的閱覽下，能找出如此含金的詩句，我得到的東西是足以補充尚存的幾個「為什麼？」這首詩有理由被選為集名，這首詩的人性內涵是揭示現世道德匱乏、迷惑、失常。它集中在一種潛焦點上，即人生究竟在「彩虹」（幻望）的「邊緣」還有什麼終極意義？「它篩濾剩餘人生殘渣」（終極追問的徒勞無趣）。

　　當能量組織潰散並「還原」──末世（後現代意識）甚至「出土」
一說都失去了意義，在人性荒蕪之地「桂冠」也失去領銜的意境；當
慾望因載體的「風化」，「美麗的晶體」走向死亡，「桂冠」也許如
詩中所述的「萎縮的百合／枯乾菊花的雛體」一樣，「出土」在「彩虹
的邊緣」──隨人生意義的質疑而遭質疑。這麼扣擊心性的追究考問
正是眾說紛紜的「後現代」的生存焦慮……人們得知這個世界人類並
非主角後仍在尋思：如何生活？為何生活？……通過終極於「絕境」
式的蕩除後，人類似乎重新知道了生存的意義。

　　曾經炫示於世的短暫的道德已不夠鮮明照人，而後現代道德（道
德之道德）將滲入人類的價值。然而，「後現代」的另一徵兆是，當
人類似乎獲知新一輪的生存理由後，又一次追思：人們真的完全知道
如何生活嗎？

　　當然，作為詩寫著的詩人，張國治先生並沒為他們解釋這一系疑
惑，但他打開的這扇視窗（而且這般以場景作為命名的世態主題）是
活生生的事實。這就是一首好詩所具有的活力、張力、真相。它不同
於詩人其它的那些源於哲說表面的詩。這首詩的閱讀活動是全方位了，
你可以讀到它給你的第一層面，而思考者又可以讀出它的「潛文本」。

　　人類所有能理解和尋到的生存、意義的物種將永不成為主角，而
智能卻不同，智能並非人類獨有，它可能不陪伴人的生存而生存下去。

　　末世桂冠對曾經追求它的人失去意義，但對於未來的主角仍有意
義，末世桂冠應該是智能的徵兆！

　　錘打一個詩人的意志，並非一朝一夕的事。意志的組織正是多類

元素的凝核。詩人在生活中試用了一生。並非每個人的意志經歷了人生就成器了，意志能獨立之時，才是它的自由生命的形成。在張國治先生煮沸的「鄉愁」中，意志具有了抵禦通往思鄉之苦的鬱悶，「鄉愁」和「季候」的寄託成為他（它）個性元素。他的「鄉愁」也在歲月中長大成了一種人類精靈的鄉愁，可謂「大鄉愁」；並非余光中的那類「小鄉愁」……我無意貶薄前輩，但我們實際上閱讀的資料可以令人感悟到，先儒前輩的時代侷限。尤其在大陸詩界的前輩們身上，他們的文化系統是單一而片狀的。他們根本來不及彌補這些文化缺陷……個人的文化視野也是詩家的重要素質。譬如洛夫先生，在他的這代人中我以為是沒有人具備《漂木》的創作能量了，他是從小鄉愁到大鄉愁的前輩，在此，我想說，大師就是文化使者，像《漂木》一樣的作品，可以令眾多的小詩人望而怯步，這種距離才能成為獨居不爭的事實。

很欣賞，在讀張國治先生的一些充滿「鄉愁」的詩作時，他的「大鄉愁」視角。

砲台沉寂，硝煙在

斑斑史蹟升起巍峨

而帶血的歷史我仰望

在鏗鏘的詩中我選擇一個膜拜位置

——〈寫一首詩給你—致金門〉

以潮水的升落和游移

描摹先人的渡海，戰鬥和薪火

——〈帶你回花崗岩島〉

從長年茂密的木麻黃到枯黃的苦楝

在磊磊的石堆水墨土坡

在斷項神祇和戰火碑文之間

‧‧‧‧‧‧

——〈奔向歌聲〉

這些帶「顏色」的戳記，終於在臺灣九二一大震災中狠狠地灼成一個烙印！這首〈戳記〉寫得很有特色，一個「戳」字，撼動了每一顆良知，因為整詩都值得一讀，我不再抄錄了。

災難中的情緒，是人類文化中不可多得的經驗，關於臺灣地震的詩文，我確實讀到許多詩家的好詩。也許這正是詩人的「家園意識」到達最高的悲鳴？！而我確實看到智慧之痛的臨界點！

當人類被暫居上風的「能量組織」狠毒地推入一場性命恐怖的時候，這種戳記也許直抵裔傳基因，痛定思痛之後，該重審人類自身的缺陷了。在人類背後新一輪的「組織」正窺視著，譬如突如其來的SARS、禽流感。現在人類不再狂稱消滅了它們，它們的隱退或撤退恰恰是它們重新組織的時段，更待重新命名的後現代惡魔隨時可能向人

類襲擊……。

　　〈之後〉中，詩人描繪出那些改變我們生活的場景——「前面呢？是夜市是日夜穿梭的橋/是充滿廢鐵垃圾的城市腹帶/是被污染的山是日夜不眠小夜班勞動的工廠/是被黑夜掩蓋的罪愆靜靜進行救贖/是悄悄蘊釀的風暴抑或冷凝的霜露/是等待爬上變色天空的旭日東昇……」這種惡劣的製造文明的環境深深地傷害了人們的安身立命的生活。詩人在〈列車上的詩想〉中敘述了他的痛恨理由：「我多麼想一拳擊碎這個傲慢無知；一夜爆發心態的城市。」「空氣污染指數超出的次工業城，報紙上警告人們減少外出、戶外活動。」「許多角落漫無止境孳生著色情，疾病。林立著低俗二十四小時營業的電動玩具遊樂場。我所深惡的罪愆暴力還有萎縮的人文。」

　　城市生活完全被「利潤」刺激得失去創世之前的人文理想，到處是紅腫的瞳孔……行色匆匆的人流中有多少被生活壓力累得喘不過氣來的行屍。一個「變色」的天空，一片失去了原始芳香的社稷；而走火入魔的無意識的靈魂早已不堪一擊了！

　　這種環境中的詩人要保持獨立醒世的心性，是需有強大的內斂力和抵禦力。

　　在此，我欣慰於詩人「蘇世獨立，橫而不流」（屈原詩句）的品質。可以感到詩人在社會價值圈（系統）內外徘徊的憂鬱，而詩人的心智是抵觸價值規程的，許多批判意識背後我依然看到詩人那雙真誠而焦慮的炯目。

　　張國治先生多才而儒雅。我甚至於猜出，由於他長期浸淫在紛華

結構、光影交輝之中，他的睡夢都比我繁榮。他涉獵多項藝術詮繹：繪畫和攝影的成果，成為他詩的兩翼。同時因為他的這些跨門類的才藝，使他比一般性的詩人增設了多角度的能量出入口……是這樣的，他的情緒通道也比一般人有多個備份。

對視覺構成及顏色斟酌，他均賦予詩意的表述。多年求索的業績形成今天的張國治。

這些讓心智備受折磨的探索，絕對是摧毀一個病態的藝人或成就一個健全人的高級遊戲。它是對一個有詩學涵養的藝術家智能和理德的極限衝擊；我相信，到了越界的「出神」階段，藝術創作已變得令經驗可恥……許多社會價值體系中的法則已然成了一種障礙，而新的構成不僅還待命名，更待整述理由。

視覺構成從指令性之物到神覺的泛徵，證明了後現代思維的覺醒——原來世界宇宙並非僅限於我們曾過目的場景；更多表象之前的靈視正是「象根」！

讓世人厭惡的正是複製中的贗品，這個缺乏人文精神的利潤世道中，領導靈性的文化正在失去它的土地——物質正在強征精神家園。

於是，藝術家除了面對創造之苦旅，還要面對失去棲居的痛切！

藝術不是一勞永逸的事物；藝術於「胎藏界」聚集理德，於「金剛界」伸張正義。人生短暫的幾十年倘若求財求生也許剛剛夠了，而追求宇宙的詩意是一次多麼勞頓的苦行……但是，不管這世間多麼不可理喻，總要有人去揭示人類的心靈史！

在追索的途中，哪怕僅有一次能量的失缺造成的短瞬間的「腦

癱」，那也將功虧一匱了。所以，藝術求真求道是勇者的事業。

是一場隱形的戰爭！——張國治如是說。

我讀張國治先生的攝影作品，超乎我已經超乎於現世的想像，而他的許多視覺攝影作品卻都是現世題材。是我們有眼無珠的處世態度，是我們沾滿塵灰的勢力眼光忽略了這些「神奇之象」。我們企圖精神向上的日子，錯誤地從形式上開始做錯誤的分類；所以我們看不到（熟視無睹）張國治先生看到的圖像。

如同宗教看到凡人身心裡的「菩提」。

可惜，圖像非文字般可以抄錄示解，讓我的文字失去解析的實效。但是，我真正希望更多的文化學者和藝術批評家看到這些構成圖像，它們是（曾經是，常常是，以後也可能是。）失散的靈魂藏棲之處，同樣，很可能還藏有永遠的驚奇。世態讓我們與天真不辭而別；它正在我們不遠處，正在我們盲點上；這亦是我們經不住衰老的原因，我們太不以為然；我們為生計行色匆匆。

有覺而不自覺；有悟而非靈悟；綜觀文化現象，勾引藝術家社會標底成為最實在的藝術訴求。沒有人情願孤零零地漂泊在世態之外，去打撈宇宙之謎。在現實社會裡，病人呵斥健全者；當病人超出一定數量時，那些非病人就成了患者。

當人文精神被物欲驅迫野外，在我看來，崛起的都城就是醫院。文化在「醫院」裡被割成兩類標本：一類是遺產；另一類是產業。剩

下的不能兌現貨幣的就只有火化了。

　　自從上世紀九十年代世界進入秀場以來，「秀時代」剛剛達到第一輪高潮。可以確定，在這個方興未艾的「秀時代」，藝術家必須修練成「金剛手」，不求成功，只圖存在──學會在無名中生存，隱去任何身價而獲得自由，推開任何支撐學會獨立！

　　我可以感到張國治先生應該是這類「少數人」。無論是寬泛的文化歷史，還是文化詩學永沒有可能在喧囂中呈現和留存。唯有少數人中的少數才賦以轉換並傳承（發現或創見）的使命；在文化的大概念下，命名隨思而至，並承載它自身神祕的未世。唯有藝術家才能繹活有時空限點的過程，重構人文情愫──透過可視性抵達卓卓極地。

　　對非具像的重新組合、臨場捕捉，攝下客觀殘存之像，構成形而上綜合元素。這就是張國治先生特立獨行的審美觀。從詩學、繪畫（油畫及版畫）；又進入「光影盛宴」，藝術知覺處在多維的立體空間，全方位地採用個性之生存體驗。

　　能啟示人生的作品就是美德之作，能展拓思維幅度的作品就是智能之作。在詩集《末世桂冠》中，我喜歡詩人早期的畫作；我不知那些樹影和老屋對我有什麼實際意義，但它們引領我擺脫現世之煩惱，回到人間共享的非工業的寧謐。

　　在《暗箱迷彩》〈張國治視覺意象攝影作品集〉中，由於許多作品不在記憶包袱裡，讓我一次又一次地辨賞品味；後工業時代的廢棄物、城裡旮旯的塗鴉、廣告剝落的痕跡、多次時空各異的遺留、偶爾掠過的光線、陳舊的漆料、老化的牆顏……林林總總，銹銹斑斑，幾

乎都是不用理睬的任意性的圖象，都被賦予了神奇。這些歲月遺棄的滄桑質感在別樣的光影裡有了詩的遭遇……。

主角和非主角之間的置換，被藝術地轉移、詩化、並抵制著人們的鑒賞習俗，重建審美視角。

他說：「從時間來說，光影的出現也為永恆時光造象。光依軌道運動，每天清晨來地球洗滌黑夜的悲傷、孤寂。光影如同空氣從不間斷、不吝於給予。我的作品來自於現實生活光影下的許多感動和驚奇。來自於靈光一現地閃爍，來自於光影源源不斷的盛宴。從而創造類如想像世界的視覺驚奇。」（〈光影盛宴 · 構成就位 · 詩意安居——我的視覺意象攝影創作報告〉張國治）。

他的攝影作品分為四大系列：光影盛宴。純粹構成、光影流離、極度抽象。但是它們均有一種統調的特異指向——極度抽象。

光的語言、圖式語言和漢字語言。他動用了最本質的心性對它們逐一命名；這是一場漂亮的戰爭！戰爭的顏色構成末世之桂冠。

張國治先生讓我們一起分享著他的戰爭驚喜，分享他的戰果。前面我說過，許多作品鑒賞一次是不夠的，我們可以隨時打開它，它仍然在提供因人而異的「發現」，它有很潛在的灼視點，因它的「極度抽象」。

有時我會喜歡〈隱喻的銹 · 速度之譜〉，有時我好像也喜歡〈貧窮的華麗〉；但我應該喜歡〈漢的現代演繹〉，（我對漢墨的直覺有嗜欲）。還是喜歡〈被撕裂的詩意〉，它更符合我的現實狀況；或者喜歡〈一個城市的符碼〉更說明我目前處境……唉，我怎麼會在這些

「圖騰」中迷失情緣呢？面對這批光怪陸離的東西我顯然不夠專一了！

　　它們分別代表了我的內心的一些隱秘，分別取走了我生活中的時光；它們瓜分了我的內心浩軼後，我變成了斷章碎句？

　　當我們情愫專一時，只能說明世上沒有可以東西可以俘虜我們。移情別戀的背後是煥然的世面。我們有了見識後，才有了去泄情的走向。

　　這就是張國治先生先讓我分享的細節……而我仍在戰爭的後方；一介缺乏鬥志的草民。

　　攝影筆記中有許多詩化的段落，某些個別的地方超過某些詩作。這等於還是一個構成的問題：非具象的圖形可以成為圖，非詩的語言可以成為詩。

　　隱賾於世的我，在受了張國治先生的藝術誘惑後已經恢復了部分記憶；圖像測出了我的多情之患；我已然按捺不住自己，輕浮起來。

2004 年 3 月完稿於湖南長沙
刊於《金門日報》副刊

錯位的桂冠
—臺灣詩人張國治詩歌閱讀印象　　　　　　　　冰兒

> 我們給他一頂桂冠
>
> 在末世中，他是十分超現實的
>
> 並且憂鬱成疾
>
> 他極其古典的側面
>
> 常被鐳射的霓虹
>
> 狠狠割傷

　　之所以摘引了張國治在《末世桂冠》中的第一節作為文章的開頭，是因為這些文字在閱讀的有效範圍內以最快的速度錐子一樣刺痛了我的視覺神經，這些閃光的詞語與我的目光同步而進，隨之而來的不是普通閱讀欣賞所體會到那種短暫的激動，而是在一個缺乏信仰的時代裡猛然發現一個忠實服從於詩歌的光輝，並且心悅誠服地承認詩人這一至上殊榮的信徒時那種驚訝和狂喜。在這些赤裸裸甚至帶有自白意味的語言中，我們感受到的是藝術信條在詩人身上產成的極大生力，一個不受世俗生活左右並斷然與之決裂的藝術創作者以怎樣的力量和決心對世俗觀念帶來衝擊，並且產生影響。

　　我欣然接受了「桂冠」這一似乎略顯陳舊已經過時的稱謂，並且

深信其它真正理解詩歌的智慧的頭腦也同樣能接受這一稱謂。作為一個特殊的名銜，它在這裡明顯擺脫了一切世俗賦予它的庸俗、大眾化的意義而被一種純粹美學表達的信仰所取代。「桂冠」在這裡作為它原本意義上的一種延伸，一種異化，一種詩歌價值觀念的增長，無疑是與人們對詩產生的日常看法相對立的。同樣，那種只是將詩作為日常生活的裝飾或是純粹夢幻對象的寫作者要進入這樣的詩歌也是有一定困難的。

　　最高的藝術肯定不在於僅僅將被感動的對象作為它至高境界的終結，這一點無疑作為藝術創作者而不是追隨者的詩人張國治心中有數，並直接呈現在接下來的文字裡，在第二節中，無論是在形式還是語詞的擇取上他都在一步步拓寬：

　　他是高危險群

　　隔離在城市的保留區

　　違章建蓋文字的工程

　　秘密集結各種語碼、符號、訊錄

　　隨身暗藏帶花的匕首

　　準備行刺龐大的都市腹帶

　　穿戳神性寓言

　　為人性建檔

每夜，那史前的潮聲
擊打著礁石的月夜
並且不斷漿洗他硬質的夢
他篩濾剩餘人生殘渣

我們有過這樣的經驗，在一些影視或者文學作品裡，通過某種形式或者編造的生活細節，抓住我們心理弱點，使我們的心靈產生悲喜之感，並不是特別困難的事情。如果這也稱之為藝術，那麼只能算是一種人為的藝術，一種被裹以高尚外衣的謊言。但如果將自身整個心靈和生命性狀投入到描述的對象中，以純粹原汁原味的語言展現出自身和整個人類的生活狀態和存在價值，卻非庸常的藝術造詣所能為了。我發現到這首詩，張國治只用了「違章、匕首、集結、都市腹帶、建檔」等一系列原生性狀的詞語就深刻地勾勒出詩人作為藝術創作者在與之矛盾的生活對抗時表現出一種絕對的決心和勇氣。可以說，這是詩人在深刻地、獨特地生命經驗中展現出一種自批自在，果敢，並且攜帶潛在暴力的心靈狀態，在振奮著我們細緻情感神經的同時，也輕易將我們擄入詩人藝術宣言的最前沿：作為一種可能和必然的事實，詩人是有責任也有能力改造這個世界的，詩人的存在為人類神話和寓言提供了在場的可能。詩人通過接近純粹的詩歌接近一個理想的精神世界，他在藝術上跨出的每一步都是向人類精神財富提供一筆潛在的價值。從另一個角度來看，作為一種引導人類生活的方式，它同時剔除了一

切阻礙藝術發展的泡沫、渣滓。

　　如果說，在《末世桂冠》中，張國治將自己作為一個藝術家的神聖使命感和隱蔽的內心痛楚揮發到了極致，那麼在《城市進行式－台北新人類紀實》中，他則用一種與《末世桂冠》截然相反的、非常節制的筆觸，將臺灣現代人類隱藏在豐裕物質生活背後心靈的空虛、頹廢，精神上的麻木、無所歸依感，用極其清晰鋒利的語言，在平靜中娓娓道來。詩人彷彿瞞身事外又在每一個不動聲色的句子中揉雜著自身深切的生命感悟：

　　每逢週六

　　他們去 DISCO 舞廳

　　享受重金屬的夜

　　啤酒泡沫加名牌茄絲

　　搖滾分貝和髮香鼻息

　　他們使用

　　血淚換取的身份證

　　全世界一樣的身軀

　　舞著土地的悲哀

　　在鋼管鐳射霓虹

　　香汗淋漓的後設計檔案中

掩飾黑夜的憂傷
並與暗戀的歷史
互相指涉

沒有人記得
島上的天空正下著
淚的小雨
從葡萄牙，荷蘭
西班牙　東瀛
大不列顛　法蘭西斯　亞美利堅
落在台北盆地的燈海裡

　　還有什麼比通過再現的死亡，心靈的蹂躪更能使人心動和為之震顫的呢？在這種以歷史的血淚作為背景的詩作中，詩人不在客觀呈現中添加和刪減什麼，而是用電影慢鏡頭式的移動將一幅幅真實的畫面推進到我們的視覺感官中來，像是一幅優秀的電影作品，它不必外借於感情，而是通過高明的藝術手段創建一個更豐富、更深刻、更細緻的情感世界。而它全部的美和魅力正是蘊涵在它的結構中。詩人在創建他的過程中享受到了這種美和魅力，同時也傳遞給後來的欣賞者。尤其重要的是，這種分散的直覺秩序的建築對構建者本身是一筆在探索新領域上的收獲。在這首的最後一節裡，詩人用了葡萄牙，荷蘭 西

班牙 東瀛 大不列顛等一些列國名，使得普遍的人類精神饑荒和心理上的困惑得到更具體、更廣泛的延伸，並且一直處在蔓延的過程中，永無止境……。同時我們在這裡也得到這樣一種暗示：只要文學存在，詩歌存在，人類生存的困惑和對生活的懷疑就會一直繼續，週而復始，生生不息……。

　　在這裡，我不得不再次用到前面提過得一個詞語「驚訝」，是的，當我讀到張國治的《冬衣》時，又一次感到了驚訝，甚至是吃驚。相對於前面兩首詩的開闊，高邁，那種擲地有聲的硬質帶給人精神振蕩的力度感，這首《冬衣》則完全是表達生命純粹感性的經驗了。令我意外的是詩人細微到具現身體特徵描摹文字所散發出的那種微妙、精細的魅惑氣息。

　　葉落盡頭

　　突癯枝幹是裸裎的兩具

　　身軀

　　在北風中

　　彼此對望，並且

　　開始探出艱纏的語葉

　　示意愛

　　夜裡，我們睡吧

黑暗中
用愛的藤蔓裏住彼此
攀附、纏繞
緊緊吸吮
以對抗寒冬

在這首詩中，詩人是完全游移於作品外的，而所有詞、句完全是詩人內心的震顫、情感激發下某種和諧統一，自然自發的結果。它賦予我們的是一種幻覺的情感氛圍和一個幻覺的世界。但同時它與我們的感性認識存在著隱秘的聯繫，每一個語詞都建立在我們熟知但無法描摹出來的經驗上，當我們被這些語詞喚醒、充滿並陶醉時，我們感受到這種夢幻世界中產生的情感經驗與我們的感覺如此默契，和諧。詩人與常人的區別就在於此：他能感受到生活中任何細微的感性事物並準確地描摹和傳遞出這種感受來，或者說寫作的過程實際上是一個還原的過程，如果能有效地加以延伸，則可以稱之創造了。在張國治的詩歌中，我們可以從各個角度感受到這種延伸出來的創造的樂趣。這裡所說的延伸並不是指詞語的歧義和可能性，恰恰相反，張國治詩歌的語言幾乎全是語詞原始質地的重組，或者說是一種詞語的回歸更確切。他詩歌的延伸主要體現在作品結構的不完整和追求一種更高朝著純詩靠近的境界中。這一特徵也幾乎出現在他《末世桂冠》詩集的絕大部分作品中。而他大部分以都市生活作為題材的作品又使這一特徵有了更多的可塑性和更廣闊的空間。

　　和張國治見過兩三面，每次他都是一身寬鬆的 T 恤杉，牛仔褲，旅遊鞋，一個鼓囊囊的牛仔背包，一幅典型的西部牛仔灑脫、豪放、飄忽不定的形象。這和他詩歌語言的自批、本真、質樸十分相稱。同時他在詩意的呈現上也總是這樣大膽、直接、無羈無絆。印象比較深的一次是在廈門將軍祠附近的「老知青」一起用餐，席間，張國治舉止豪放，妙語連珠，對每一個人照顧都十分周到。他頻頻勸大家多吃，說：「你們年輕人要多吃啊，身子要緊」。大家笑答：「你也不老啊」。張國治滿面春風：「那是當然，要不要我證明一下啊」。在眾人的起哄中，他三下兩下脫掉了外套，又麻利地要去脫裡面僅剩的花條紋線衣，欲展示其良好的身段。引得鄰座和服務生頻頻側目，他本人卻依然談笑自如。這件事讓我見到他作為一個真正的詩人在朋友面前純真、率性的一面，至今留有清晰的記憶。

　　在文章的結尾處，按照一般寫作的慣例，應該寫幾句「礙於種種因素，解讀疏淺，只是進入了原作的一點皮毛，如有曲解請多包涵」之類的話，以示謙虛。由於作品的解讀沒有一個統一的標準，閱讀只能是因人而異；同時也出於對內心誠實的維護，我必須說明，在這篇文章裡，我對張國治作品的閱讀並沒有完全忠實於原作品，而是用我的激情將原作品延伸了，或者說這篇文章是一種再創作式的閱讀，我滿懷激情地記錄了閱讀張國治先生詩歌時的一些感受和由此引發的思考，還望張國治先生批評。

2005 年 4 月 23 日刊於《金門日報》副刊

張國治簡歷

　　張國治 1957 年出生於福建省金門縣，先祖父來自於福建省惠安縣淨峰鎮前爐村爐內自然村 (昔張坑村)。

　　1978 年畢業於國立臺灣藝術專科學校美術工藝科，1988 年畢業於國立臺灣師範大學美術學系獲文學士學位， 1994 年畢業於美國芳邦大學 (Fontbonne University) 獲藝術碩士學位。2016 年獲福建師範大學美術學專業文學博士。曾任國立臺灣藝術大學視覺傳達設計學系專任教授兼學系主任、研究所所長，文化創意產學園區文創處處長，推廣教育中心主任，目前為國立臺灣藝術大學視覺傳達設計學系專任教授及創意產業設計研究所博士班教授，碩博士導師，指導近 60 餘位碩士研究生獲得學位。2010 年起聘為廈門大學、華僑大學客座教授。為兩岸文化創意產業研究高校聯盟發起人兼副理事長，中國傳媒大學產業研究院中國產業報告年鑑學術審查委員。台灣攝影博物館學會及中華攝影攝影教育學會常務理事，中華金門筆會理事。

　　個人學術專長為：設計史、攝影影像史、美術史、藝術評論、文化創意產業研究。並專長於創作：繪畫、攝影創作、視覺傳達設計，亦擅於現代詩、散文以及藝文評論等書寫。歷年來發表學術論文計 50 餘篇。

　　曾得過 20 餘次的文學、美術獎項。美術獎項如師大美術學系系展多次獲佳作獎暨畢業美展水彩第二名等。文學獎項如浯朝文學獎新詩

暨散文等首獎、國立藝專文學獎、師大現代文學獎新詩首獎暨散文第二名等校內文學獎。1987 年以〈眼淚總會遞給我一首歌〉獲第七屆全國學生文學獎大專新詩組佳作。1988 年以〈帶你回花崗岩島〉獲第八屆全國學生文學獎大專新詩組首獎，1989 年榮獲中國文藝協會全國優秀青年詩人獎，中國文藝協會文藝獎章，以〈一顆米如是說〉、〈孩子，讓我對你說〉連續兩年獲臺灣省政府糧食局推廣米食詩歌比賽佳作。亦連續兩年獲台北公車暨捷運詩文獎，1991 年以〈奔向歌聲〉獲教育部八十年文藝創作獎教師組新詩項目第二名，2006 年以〈你是我 1G 的記憶卡〉、〈初冬一日為母親放相〉、〈涼意〉等三首獲教育部文藝創作獎新詩項目佳作，臺灣省政府新聞處贊助出版優良文藝作品等獎項。其詩作多次獲選入臺灣《年度詩選》，遠流《天下詩選》，九歌版《中華現代文學大系》、《新詩 300 首》、《航向福爾摩沙》(中、英譯本)、《閱讀文學地景》(文化部、聯合文學)、《金門現代詩人》(情書出版社)……等各種重要選集。詩作更被翻成英、日、韓、斯拉夫語等多國語言。

除文學美術成就外，其個人成就更獲金成國小、金城國中、金門高中等母校傑出校友獎表揚，桃園縣市傑出優良教師，教育部 107 年 40 年資深優良教師表揚。

自 1972 年就讀高中時起即參加無數次的聯展及舉辦個展。以 2000 年起近 15 年參與聯展及個展之展覽經歷計，已逾 100 場以上，其中舉辦個展近 20 場，聯展 80 餘次。數度參與演講及學術研討會、擔任主持人、引言人或評論人。著作有詩集：《三種男人的情思》、《雪白的夜》、

《憂鬱的極限》、《帶你回花崗岩島─金門詩鈔‧素描集》、《末世桂冠-中詩英譯‧版畫集》、《張國治短詩選》、《戰爭的顏色》、《歲月彩筆》、《無以名之的風景─張國治詩畫集》、《紋身─張國治詩畫集》共十冊，散文集《愛戀情節》、《濱海箚記》、《家鄉在金門》、《藏在胸口的愛》、《寫給金門的一封信》共五冊，評論集《金門藝文鉤微》以及攝影集《暗箱迷彩─張國治視覺意象攝影》、《由黑翻紅─張國治 2009 攝影集》等共十八冊。主編《臺灣文化創意產業大賞》上下兩冊，2013 年由福建海峽出版社出版。博士論文《「在地文化」與「創意生態」營造─文創產業視野下福州壽山石文化產業轉型策略》。並獲金門文化局補助行將出版《精神還鄉的時節》。

　　本身亦為藝術展覽、文學活動策展人，曾策劃「亞洲視覺設計大觀」國際大展、「臺藝大工藝、視傳 50 年校友經典設計大展」、「變形蟲學會設計大展」、「脈動」攝影展、「掠像」與「造像」─2018台灣攝影博物館文化學會年度主題策展」等設計、攝影類聯展；以及臺藝大畫廊「年輕出擊」年輕藝術家之專題策展，並為臺北「藝聚空間」之「藝術家沙發」策展人，每月推出 3 檔年輕藝術家的策展。主辦、承辦過多項國際學術研討會，如攝影「造像」形構與影像美學探討學術研討會總策劃人，曾擔任《創世紀》詩刊編委、《新陸》現代詩誌及多種文學選集主編。

　　曾擔任自由時報 4A 創意獎評審、中國時報金犢獎評審、臺灣創意設計中心「金典設計獎（Gold Pin Design Award）識別系統設計」評選、擔任臺北縣美術家大展籌備委員及評審、擔任宜蘭縣、新竹市、「全

國學生美術比賽」(繪畫、西畫、平面設計、版畫等)評審委員、臺北市體育處「臺北市體育處機關形象識別系統徵選」、環保署「寧靜區域標誌」暨多數公私立機構之標誌海報設計徵選評審、臺北縣政府文化局 2007 年度美術展覽申請審查委員,臺北縣、基隆市、桃園縣、新竹縣等縣市美展攝影組評審委員,全球微軟創意杯攝影組評審,以及勞委會、板橋市文藝獎攝影組、年度地方產業發展基金-藍海產業發展計畫、銘傳大學 56 周年校慶國際學術研討會設計組-未來設計、2014-2015 年彰化縣美術家接力展徵件、「孫中山紀念館」展覽審議委員會、桃園長庚紀念醫院建築與人文對話攝影比賽、新北市政府國鼎通廊及藝文空間進駐模式及營運模式諮詢委員、新北市樂活浮洲藝文季-浮州正豔攝影比賽、林語堂故居攝影比賽、司法廉政寶寶 Logo 設計徵選活動、新竹縣文化局竹光盛宴-新竹縣山海湖自然暨人文景觀攝影評北一區數位教材徵集、恒安杯-2012 年海峽兩岸大學生文化與創意設計大賽、台南市政府南瀛獎第十三屆礦溪美展、2012-2015 學年度全省學生美術比賽、臺灣創意設計中心設計技術服務機構服務能量登錄、臺灣法國文化基金會國際攝影大賽……等評審。並曾任 435 國際藝術村駐村藝術家評選會等評審委員、多項臺灣考試命題及閱卷委員。

國家圖書館出版品預行編目 (CIP) 資料

精神還鄉的時節 / 張國治作 . -- 金門縣金城鎮 : 金縣文化局 , 民 108.09
ISBN 978-986-5428-00-6(平裝)
863.55   108014915

精神還鄉的時節 When The Spirit Comes Home, by Chang, Kuo-Chih

補　助　單　位	金門縣文化局
出　版　單　位	金門縣文化局
作　　　　　者	張國治
封面、封底、內頁畫作	張國治
封面、扉頁、書背題字	周　渝
美　術　設　計	蘇彥州
出　　版　　者	金門縣文化局
地　　　　　址	金門縣金城鎮環島北路 66 號
電　　　　　話	(082)328-638, (082)323-169
總　　代　　理	長春書店
地　　　　　址	金門縣金湖鎮新市里復興路 130 號
電　　　　　話	(082)332-702
傳　　　　　真	(082)332-702
印　　刷　　者	科億資訊科技有限公司
住　　　　　址	新北市中和區立德街 123 號 3 樓
電　　　　　話	(02)2226-8905
傳　　　　　真	(02)2226-2155
定　　　　　價	新台幣 350 元
出　版　日　期	中華民國 108 年（2019 年）9 月 30 日出版